Papéis de prosa

FUNDAÇÃO EDITORA DA UNESP

Presidente do Conselho Curador
Mário Sérgio Vasconcelos

Diretor-Presidente / Publisher
Jézio Hernani Bomfim Gutierre

Superintendente Administrativo e Financeiro
William de Souza Agostinho

Conselho Editorial Acadêmico
Divino José da Silva
Luís Antônio Francisco de Souza
Marcelo dos Santos Pereira
Patricia Porchat Pereira da Silva Knudsen
Paulo Celso Moura
Ricardo D'Elia Matheus
Sandra Aparecida Ferreira
Tatiana Noronha de Souza
Trajano Sardenberg
Valéria dos Santos Guimarães

Editores-Adjuntos
Anderson Nobara
Leandro Rodrigues

ANTONIO CARLOS SECCHIN

Papéis de prosa

Machado & Mais

© 2022 Editora Unesp

Direitos de publicação reservados à:
Fundação Editora da Unesp (FEU)
Praça da Sé, 108
01001-900 – São Paulo – SP
Tel.: (0xx11) 3242-7171
Fax: (0xx11) 3242-7172
www.editoraunesp.com.br
www.livrariaunesp.com.br
atendimento.editora@unesp.br

Dados Internacionais de Catalogação na Publicação (CIP) de acordo com ISBD
Elaborado por Vagner Rodolfo da Silva – CRB-8/9410

S444p   Secchin, Antonio Carlos

          Papéis de prosa: Machado & mais / Antonio Carlos Secchin. – São Paulo: Editora Unesp, 2022.

          Inclui bibliografia.
          ISBN: 978-65-5711-169-7

          1. Literatura brasileira. 2. Prosa. I. Título.

2022-3355   CDD 869.985
                                                           CDU 869.0(81)

Editora afiliada:

Sumário

Uma prosa também poética   7
    Milton Hatoum

Machado

Em torno da traição   11
Os filhos de Machado de Assis   25
No centenário de *Esaú e Jacó*:
    Machado e seus duplos   41
Linguagem e loucura em "O alienista"   47
"Cantiga de esponsais" e "Um homem célebre":
    estudo comparativo   55
Academia Brasileira de Letras: os anos heroicos,
    os prêmios literários   67

& Mais

Língua portuguesa: uma travessia   77
Noite na taverna: a transgressão romântica   89
Euclides por Dilermando   105

Memórias da Semana de 22   *109*
Graciliano na escola   *131*
No salão com Rubem Braga   *135*
Plural de Edla   *149*

Três discursos

A interminável música   *161*
Discurso de Emerência   *187*
O nome sob o nome   *193*

Entrevistas

Bibliofilia: entre tesouros e garranchos   *203*
Entrevista à Imprensa Nacional (Lisboa)   *221*

Autobiografia desautorizada   *253*
Procedência dos textos   *259*
Obras de Antonio Carlos Secchin   *261*

Uma prosa também poética

O leitor deste volume certamente concordará com João Cabral, que admirava a produção poética e crítica de Antonio Carlos Secchin. *Papéis de prosa* reúne discursos acadêmicos, entrevistas, uma reflexão sobre a língua portuguesa e ensaios sobre a literatura brasileira, com destaque à obra de Machado de Assis.

As análises percorrem os meandros de cada texto em busca de novas relações simbólicas. Em seu conjunto, são recortes pensados e elaborados por um olhar agudo, e escritos com senso plástico e concisão: faca só lâmina.

Em *O alienista*, Secchin ressalta o conceito de loucura e o papel da linguagem machadiana, sempre irônica e antirretórica. Já nos dois últimos romances de Machado, o crítico sublinha um novo e definidor traço do narrador, cujo "riso, mais complacente do que cruel" não exclui o pessimismo, as tensões sociais e o desconcerto do mundo.

Nas crônicas de Rubem Braga, o autor acentua a "poética do devaneio", em que lirismo e memória prevalecem sobre o circunstancial. No belo ensaio sobre *Infância*, o aprendizado do menino Graciliano numa escola do interior passa pelo sofrimento, pela arbitrariedade e intolerância. Secchin ressalta que as reflexões do autor alagoano sobre a força do verbo, sobretudo na literatura, podem conduzir à liberdade, ou rondar o terreno da repressão. Após citar uma frase de *Infância* "Na escuridão percebi o valor enorme das palavras" –, o autor conclui com o verso: "Palavra, cela sombria e passaporte para o sol".

Para o deleite do leitor, a minuciosa mirada analítica de Secchin é movida por um sopro lírico, tornando esses ensaios uma prosa também poética.

Milton Hatoum

Machado

Em torno da traição

Durante 61 anos,[1] Capitu pôde trair Bentinho em paz. Essa tranquilidade só foi quebrada em 1960, quando Helen Caldwell publicou *The Brazilian Othello of Machado de Assis*,[2] atribuindo o suposto adultério às elucubrações atormentadas do narrador Casmurro, em cujo sobrenome – Santiago – já residiria, Iago, a semente do mal, ainda mais forte do que o Bento e o Sant(o) que angelicalmente iniciavam o seu nome. A partir de 1960, portanto, a heroína do romance sofreu uma reviravolta na sua classificação: abandonou a galeria machadiana das personagens adúlteras para ingressar no panteão das vitimadas. Se, depois da obra de Caldwell, tornou-se quase obrigatório posicionar-se frente ao problema, o curioso é que, antes dela, a questão sequer era aventada. Predominava a aceitação tácita do adultério, respaldada na constatação de que ele se coadunava de modo coeso com as concepções machadianas da vida como

---

1 ASSIS, Machado de. *Dom Casmurro*. Rio de Janeiro: Garnier, 1899.
2 CALDWELL, Helen. *The Brazilian Othello of Machado de Assis*. Los Angeles: University of California, 1960 [*O Otelo brasileiro de Machado de Assis*. São Paulo: Ateliê Editorial, 2002].

sinônimo de logro e embuste, visão desenganada em que caberia às mulheres o papel da perfídia: Virgília, a que traiu; Sofia, a que não conseguiu trair (por desinteresse de Carlos Maria); e, num plano mais hipotético ou menos ostensivo, Flora, a que não teve tempo de trair (pela morte prematura), e Fidélia, a infiel à memória do marido.

Ora, o brado de inocência lançado em prol de Capitu não resolveu a pendência; antes, ensejou outra pergunta: por que seria tão imperativo posicionar-se entre o sim e o não? Propugnar a inocência é ingenuamente compactuar com o processo "jurídico" do livro, e não perceber sua armação especificamente *literária*, onde a dubiedade pousa e prospera. Todavia, resta verificar se a afirmação da dúvida consegue efetivamente escapar da contingência "jurídica" ou se apenas a sofística, simulando resolver no "talvez" a rude dicotomia entre o sim / não, mas, no fundo, intensificando a onipresença da indagação. A própria ênfase na desimportância da consumação (ou não) do ato adúltero torna-se algo suspeita: se isso, de fato, não é importante, por que tanta necessidade de *insistir* que não o é? Ademais, do ponto de vista do narrador, mesmo que a causa do sofrimento fosse ilusória, sua fala assevera como real o efeito dela proveniente. Capitu pode não ter traído Bentinho, mas certamente traiu Dom Casmurro.

Diante de tantas hipóteses, minha proposta é lastrear as transformações ocorridas na leitura do adultério e formular, a seguir, uma réplica a esse saber constituído em torno da traição. Conforme referido, o contingente inicial (pré-1960) de críticos machadianos dava o adultério como assente, passando a perscrutar-lhe os desdobramentos ou a etiologia. Leiam Alfredo Pujol, nas "Conferências" de 1917,

Papéis de prosa

Ardilosa e pérfida, acautelada e fingida, Capitu soube ocultar aos olhos do marido a sua ligação criminosa com Escobar.[3]

ou Lúcia Miguel Pereira em 1936:

[...] há a ideia central de saber se Capitu foi uma hipócrita, ou uma vítima de impulsos instintivos. Em outras palavras, se pode ser responsabilizada [...][4]

Em ambos os casos, estamos no âmbito da esfera penal, com um olhar um pouco mais generoso por parte de Lúcia Miguel Pereira, na medida em que lança dúvidas acerca da imputabilidade da ré. O veredito depende de que se saiba se a traição foi a frio ("hipócrita") ou a fogo. Mário Matos, em 1939, tenta resolver a pendência: "O adultério aventa-se como fatalidade do temperamento de Capitu".[5] Em Lúcia e Mário, torna-se visível uma certa complacência para com a personagem, um discurso "tolerante" para com seu "erro", enquanto, por outro lado, Pujol brande o Código como se manejasse uma espada, resquício, talvez, de sua formação jurídica. Bem mais branda é a palavra de Augusto Meyer, que anota, em 1958: "Em Capitu há um fundo vertiginoso de amoralidade que atinge as raias da

---

3 PUJOL, Alfredo. *Machado de Assis*. Conferências. São Paulo: Tipografia Levi, 1917, p.248-249.
4 MIGUEL PEREIRA, Lúcia. *Machado de Assis*. 5.ed. Rio de Janeiro: J. Olympio, 1955, p.239.
5 MATOS, Mário. *Machado de Assis*. O homem e a obra, os personagens explicam o autor. Rio de Janeiro: Companhia Editora Nacional, 1939, p.237.

inocência animal".[6] A estratégia, portanto, consiste em desculpabilizar o (inequívoco) adultério, seja – como vimos até agora – pela índole algo selvagem e transbordante da personagem (decorrente, talvez, da própria "natureza feminina"), seja, como se verá a seguir, pela inserção do adultério numa clave alegórica, exemplar. É o que faz, em 1947, Barreto Filho:

> A substância mesma do livro é a infidelidade de Capitu. Essa infidelidade excede o conflito moral. É uma falha mais radical, uma traição à infância, uma negação da poesia da vida.[7]

Nas últimas 4 décadas, conforme foi dito, passou-se da acusação à absolvição e daí à consagração da *dúvida* como princípio estrutural do texto. Um livro inteiro é dedicado ao assunto: *O enigma de Capitu*,[8] de Eugênio Gomes (1968). Vários ensaios desenvolvem esse ângulo: o de Silviano Santiago (1969), "Retórica da verossimilhança";[9] o de Luiz Costa Lima (1981), "Sob a face de um bruxo";[10] em 1997, Roberto Schwarz publica *Duas meninas*, onde afirma:

---

6 MEYER, Augusto. *Machado de Assis*. Rio de Janeiro: São José, 1958, p.148.
7 BARRETO Filho, José. *Introdução a Machado de Assis*. 2.ed. Rio de Janeiro: AGIR, 1980, p.150.
8 GOMES, Eugênio. *O enigma de Capitu*. Rio de Janeiro: J. Olympio, 1968.
9 SANTIAGO, Silviano. Retórica da verossimilhança, em: *Uma literatura nos trópicos*. São Paulo: Perspectiva, 1978, p.29-48.
10 LIMA, Luiz Costa. Sob a face de um bruxo, em: *Dispersa demanda*. Rio de Janeiro: Francisco Alves, 1981, p.57-123.

Em suma, não há como ter certeza da culpa de Capitu, nem da inocência, o que aliás não configura um caso particular, pois a virtude *certa* não existe. Em compensação, está fora de dúvida que Bento escreve e arranja a sua história com a finalidade de condenar a mulher. Não está nela, mas no marido, o enigma cuja decifração importa.[11]

Ressalte-se, ainda, a arguta leitura de Wilson Martins, na *História da inteligência brasileira*.[12] Retomando parcialmente a visada de Barreto Filho (sem, todavia, endossar a ocorrência do adultério), Martins destaca que a efetiva traição ocorreu em relação aos ideais da infância, à pureza das crenças e dos sonhos infantis: o narrador é quem acabaria por trair o menino que ele fora. E vale-se o ensaísta de um exemplo curioso: o soneto frustrado que, no seminário, Bentinho tentou compor, e que, ao cabo, reduziu-se a dois versos, o primeiro e o último. Como atar essas duas pontas, se o miolo é vácuo, se o miolo é nada? Da mesma forma Dom Casmurro, bem mais tarde, fracassará ao tentar unir as pontas de sua existência.

O interessante é que, mesmo depois dos anos 1960, é visível em vários críticos a relutância em renunciar à convicção do adultério. É o caso de Massaud Moisés,[13] e, nesta coletânea de ensaios, de José Guilherme Merquior (cf. "Machado

---

11 SCHWARZ, Roberto. *Duas meninas*. São Paulo: Companhia das Letras, 1997, p.16.
12 MARTINS, Wilson. *História da inteligência brasileira*. São Paulo: Cultrix, 1978. vol. V, p.106-113.
13 MOISÉS, Massaud. *História da literatura brasileira*. São Paulo: Cultrix, 1984, vol. II, p.408.

em perspectiva"). Cite-se ainda Josué Montello,[14] que explora o pantanoso terreno da polissemia dos vocábulos para, através dela, decretar uma espécie de sentença inapelável: Capitu, na verdade, se chama Capitolina, ou seja, aquela que capitulou... Terreno de verdades movediças, pois, partindo do mesmo nome, John Gledson[15] chegou a lugar oposto: não o da rendição, mas o da fortaleza emanada do Capitólio, sede do poder de Roma, imperial ou republicana.

Para concluir esta sucinta amostragem da fortuna crítica da questão, gostaria de pegar as duas pontas do discurso interpretativo, a mais antiga e uma das mais recentes, não para atá-las na mesma trama, mas para exibi-las em sua radical (e dupla) alteridade: não apenas alteridade entre si, mas também entre o que elas propõem e o pensamento hegemônico dos períodos em que foram formuladas. Comecemos pelo texto de Dalton Trevisan (1994), em Dinorá, verdadeiro manifesto contra a tradição da inocência ou da dúvida. Dalton abraça sem reservas a posição sustentada por Dom Casmurro, buscando, inclusive, fundamentá-la a partir de uma implícita anuência do próprio Machado de Assis:

> Até você, cara – o enigma de Capitu? Essa, não: Capitu inocente? Começa que enigma não há: o livro, de 1900, foi publicado em vida do autor – e até a sua morte, oito anos depois um único leitor ou crítico negou o adultério? Leia o resumo do romance,

---

14 MONTELLO, Josué. *Diário da manhã.* Rio de Janeiro: Nova Fronteira, 1984.
15 GLEDSON, John. *Machado de Assis – impostura e realismo.* São Paulo: Companhia das Letras, 1991.

por Graça Aranha, na famosa carta ao mesmo Machado: *"casada... teve por amante o maior amigo do marido"* – incorreto o juízo, não protestaria o criador de Capitu, gaguinho e tudo? Veja o artigo de Medeiros e Albuquerque – e toda a crítica por sessenta anos. Pode agora uma frívola teoria valer contra tantos escritores e o *próprio autor*, que os abonou? Entre o velho Machado e a nova crítica, com ele eu fico.[16]

Em contraposição, José Veríssimo, no calor da hora (1900), escreveu artigo intitulado "Um irmão de Brás Cubas", onde matiza as certezas (endossadas pelo público contemporâneo) acerca da consumação do adultério:

> Dom Casmurro descreve [Capitu] com amor e com ódio, o que pode torná-lo suspeito. A sua conclusão, que não é talvez a que ele confessa, seria acaso que não há escapar à malícia das mulheres e à má-fé dos homens. Lede a fábula e tirai-lhe vós a moralidade.[17]

Foi o que procurei fazer, tentando dar não uma *resposta*, mas uma *réplica* à questão, deslocando-a de um terreno eminentemente crítico-teórico para outro que, sem abdicar do caráter crítico, incorporasse o ficcional. Essa réplica – essa ficção – chama-se "Carta ao Seixas". Trata-se de carta escrita por Bento ao confidente Seixas (protagonista de *Senhora*, de José de Alencar),

---

16 TREVISAN, Dalton. Capitu sem enigma, em: *Dinorá*. Rio de Janeiro: Record, 1994, p.29.
17 VERÍSSIMO, José. Um irmão de Brás Cubas, em: *Estudos de literatura brasileira, 3ª série*. 2.ed. Belo Horizonte: Itatiaia, 1977, p.30.

então funcionário público já aposentado e morador de Petrópolis. O enredo se desenvolve num Rio de Janeiro algo impreciso entre fim do Império e início da República, e incorpora voluntários anacronismos, mesclando locais, personalidades e referências culturais que marcaram os dois regimes. Machado de Assis, que iniciou a carreira de tipógrafo nos anos 1950, depara-se, por exemplo, com Lima Barreto e Coelho Neto, escritores bem mais tardios. Menciona-se o cabaré *Le Chat Noir*, reduto da boêmia de 1900, e o morro do Castelo, que seria demolido em período posterior ao referenciado pelo texto. Existem alusões a outros romances de Machado, facilmente perceptíveis pelo leitor familiarizado com sua obra.

Escrever um conto sobre o tema pareceu-me um modo de trair a tradição da traição. Não para resolver o enigma. Quem sabe, porém, para nele injetar uma carga suplementar e maliciosa de ambiguidade.

CARTA AO SEIXAS

Há muito tempo, sim, que não lhe escrevo. Ficaram velhas todas as notícias. Não sou o mesmo homem estranho e esquivo: sou pior. Para trás ficaram as valsas e as donzelas do Império. Imagino você gordo, se arrastando em chinelas turcas e fazendo a corte às criadas, enquanto Aurélia, distraída, colhe os crisântemos do jardim. Não, Seixas, não me arrependo de nada. Enriqueci, ajudei alguns amigos, enganei outros. Agora, fito a enseada de Botafogo. O que era há vinte anos? Nada. E o que sou agora? Um infeliz, talvez, mas aplaudido pelos cronistas, proprietário único da Companhia dos Capitais Honestos e um dos pilares mais respeitáveis dessa nova República a que me adaptei com a desconfiança de um cão que muda de dono, mas nem por isso deixa de abanar o rabo. "O doutor Bento de Assis assinou o livro de ouro das viúvas polonesas". "O advogado e capitalista Bento de Assis compareceu ao bota-fora do doutor Lobo Neves". Recorto e coleciono essas notícias, como se esperasse que, daqui a um século, um desocupado qualquer se metesse a recompor minha biografia. Para esse futuro biógrafo, catalogo os fatos públicos. Os particulares, peço que os leia e lance à lareira de Petrópolis, sem deixar que Aurélia desconfie dessa matéria humana com que, de vez em quando, abasteço sua capacidade de mofar do mundo. Somos dois canalhas, Seixas. Você até hoje engana Aurélia, dizendo-se íntegro apesar de funcionário público, e encontra-se com Lucíola no *Chat Noir*, pagando-lhe em libras a nudez, e excitando-se só de pensar na inveja dos outros ouvindo você dizer: "além de mim, apenas o Barão do Rio Pardo entrou nesse corpo". E eu me agrido na bebida, ao constatar que durante mais de duas décadas persegui o homem errado. Ai, meu doce Escobar! Como pude supor que um amigo de infância fosse me trair com minha mulher? Desvairado, cheguei a reconhecer no meu filho os traços físicos do antigo companheiro de seminário, quando, na verdade, ambos são tão semelhantes quanto o são uma cuba de vinho e um saco de batatas. Odiei o homem errado, Seixas. Percebi o meu engano quando, no dia aniversário de seus doze anos, acariciei, com fingida ternura, a cabeça de meu – chamo-lhe filho? – Ezequiel, e senti-lhe com vagar os ásperos cabelos. Não, não eram assim os de Escobar, nem são assim os que ainda me restam. Lina percebeu algo estranho e, beijando-lhe a cabeleira, disse ao menino coisas suaves, encobrindo com a palavra o que eu publicava pelo silêncio: aquele ali não podia ser meu filho, ainda que três mil duzentos e sete anjos anunciassem o contrário nas trombetas; as Escrituras, como você sabe, são muito retóricas, o que não quer dizer que sejam verdadeiras.

Por dever de ofício, quis iniciar o garoto nas Letras e na Política, para corrigir em sociedade o que a Natureza negara no berço. Citava-lhe Homero e Maquiavel. Levava-o à ópera, e ele não raro ressonava no Prelúdio, provocando risotas às famílias fluminenses. Mas como, o filho do doutor Bento não puxou ao pai? Eu, zeloso defensor da compostura, vendo Ezequiel roçar-se nas pretas da casa! Eu, que uma vez o chamei a ter comigo na batalha de flores do Campo de Sant'Anna, e ouvi de seus beiços a réplica insolente de que iria jogar o *foot-ball* num terreno baldio do Encantado! Aos dezoito anos meteu-se em pândegas na companhia de dois mulatos mais velhos, tidos por escribas: um tal de Barreto, que, dizem, acabou doido varrido, ensinando o tupi às grades do manicômio; e um outro, vulgo Machadinho, tipógrafo diurno, sonetista e galanteador depois das 20:00. Preocupava-me a nefasta influência dessas companhias e numa noite, depois de um Porto e antes de um Havana, perguntei a Lina se conhecia os vagabundos com quem andava metido o rapaz. Ignorava Barreto. Machadinho, sim, o teria visto duas ou três vezes, em saraus na casa de amigas, improvisando com grande talento uma cascata de versos sobre os temas do dia. Na primeira vez – lá se iam vinte anos – tinha ficado impressionada com um candente libelo que ele, ainda menino, declamara, em rimas ricas, contra a opressão da raça negra. Perguntei outras coisas, eu queria mesmo era descobrir o que teria levado minha esposa a registrar, de modo tão enfático, as virtudes do tal Machado. É tudo que sei, respondeu, e seu olhar ganhou o brilho metálico das vitrinas de joalheria. Por que, em vez de ler apenas as cotações da Bolsa, o senhor não se ilustra um pouco na seção literária das gazetas? Fingi não perceber a ironia, pois, afinal, sempre julguei a literatura uma coisa de mulheres, ou, no máximo, um bom meio de conquistá-las. Eu próprio, no seminário, tive fumos de poeta, e comecei a esculpir um soneto a que ficaram faltando doze versos. Os dois sobreviventes, no entanto, prenunciavam um escritor de certo mérito: "Oh flor do céu! oh flor cândida e pura."; "Perde-se a vida, ganha-se a batalha". Começo e fim. No meio, as lutas que perdi contra mim mesmo, e uma raiva surda, tenaz, diante de tudo que escapasse das certezas. Ezequiel, por exemplo. Logo corri às gazetas empilhadas no sótão, e que seriam vendidas a quilo como contribuição de minha empresa aos órfãos das Alagoas. Lá estava, espremido entre um decálogo às noivas e uma prece a São Benedito, o retrato de Machadinho. Acenava miudamente para um figurão das Letras, um velho Coelho cuja pena prolífica faz jus ao sobrenome. O jovem apoiava a mão direita sobre um tampo de mármore, com os dedos bem abertos, e Coelho, ascendendo a escaleira da Colombo, retribuía o gesto com um sorriso superior de quem se sente ungido pelos deuses definitivos da Grécia. Apesar de os rostos se estamparem em pequena escala, semicobertos por um vendaval de bengalas, lunetas e cervejas, tive de admitir com clareza que aquela testa ligeiramente avançada, aquela narina direita espessa, aquele ângulo de $60º$ desenhado no braço que acenava, não eram exclusivos de Machado: eu os revia, diariamente, na figura de Ezequiel. Não me contive. Arranquei a foto, enfiei-a no bolso, fui bater à câmara de Lina. Mostrei-lhe o pedaço de papel, ficou pálida durante dois instantes, mas logo se recompôs. O que é isso?, quis saber. Aqui tens o pai de teu filho, respondi. O seu rosto com tanto engenho misturava firmeza e altivez, que qualquer incauto poderia jurar: eis aí uma mulher de bem. De repente, tudo passava a fazer sentido: Ezequiel e seu amor à capoeira, ao jongo, às rodas de violão e de baianas, era apenas uma segunda edição, piorada, do pai – que esse, ao menos, sabia metrificar. No dia seguinte, sem me despedir de Lina, mudei-me para um pequeno sobrado à rua Matacavalos. Mais tarde adquiri de um professor falido este belo palacete na enseada de Botafogo, de onde lhe escrevo fitando a tempos o oceano e, custa-me dizê-lo, pensando ainda nos braços dela, no seu olhar de chispas que prometiam tempestades, cataclismos, maremotos.

Amei minha mulher, Seixas. Não fiz como você, que se uniu a Aurélia para beber-lhe o capital no champanhe francês esparzido sobre o bico dos seios de Lucíola. Amei minha mulher. Passo as noites acordado, esperando manhãs que relutam maldosamente em surgir. Divago, especulo, custo a aceitar que a vida não seja algo tão firme e estável como o morro do Castelo. De madrugada, a cidade adquire o silêncio próprio de estátuas em jardins sem vento. Rememoro, então, todos os detalhes. Improviso às paredes discursos em alta voz, obtendo o beneplácito resignado das gravuras com bigodes e perucas ancestrais. Numa delas, minha mãe parece pensar: corno, mas brilhante. Poucos tribunos teriam tanta lucidez ao dissecar, num raciocínio irrespondível de parágrafos e alíneas, todas as evidências de sua própria ruína. Incentivado pelo aplauso implícito de meus mortos, tempero o relato com ingredientes dúbios: quem sabe se Lina não teria procurado Machado apenas para pedir-lhe que escrevesse os doze versos que faltavam ao soneto? Quem sabe, um poema com dois pais? Fora os sofismas de vigília, debitados ao meu desejo de ficar aceso mesmo ao preço de palavras arroubadas, nada sobra na manhã seguinte, quando o criado, rindo à socapa, encontra o ilustre Bento emborcado no escritório. Dá-me os bons-dias, ajuda a erguer-me, indaga a que horas o banho deve estar tépido.

Tudo poderia ser diverso, Seixas. Mas, agora, não posso senão acreditar que as máquinas do mundo se azeitaram para moer-me os sonhos. Não tive filhos. Restam-me a casa, o criado, os jornais, e uma cabeça que pensa, pensa, e só consegue destilar a náusea em gestos de caridade rentável e pública: eu dou esmolas como quem cospe. Tudo poderia ser bem diverso. O ex-futuro deputado. O quase provável ministro. Mas tropecei naquele amor. Tinha olhos de ressaca: me atirei sem bóia nesse mar. Afastei-me da costa, tive força de retornar e recolher os destroços: era quase nada. Náufrago a seco, pergunto-me hoje se não teria sido melhor deixar-me levar pelo turbilhão. Nadar, nadar, nadar, até perder a memória dos homens, e docemente sumir nas águas mornas e densas dos cabelos de Capitu.

Os filhos de Machado de Assis

Para Alfredo Bosi,
que também é da família,
com o afeto de um benjamim.

Brás Cubas, Rubião, Pedro, Paulo, Aires. Todos eles protagonistas masculinos. E nenhum deles foi pai. O único a gerar um filho — Bentinho — tem paternidade contestada. Passemos, agora, a outros personagens machadianos: Lobo Neves, Quincas Borba, Cristiano Palha, José Dias, Tristão, Aguiar — sequer um desses, conforme diria Brás Cubas, transmitiu a outra criatura o legado de nossa miséria. Nessa paisagem de desértica paternidade, outro aspecto se salienta: a virada para o polo masculino na nomeação dos romances da chamada segunda fase do autor. Se, na primeira, deparamo-nos com Helena e Iaiá Garcia, agora a galeria é inteiramente composta por varões: Brás, Quincas, Dom Casmurro, Esaú e Jacó, Aires. A ambiguidade desse masculino marcado pelo vácuo da paternidade não deixa de se constituir em outro enigma da ficção de Machado de Assis.

No que tange, porém, à descendência literária, costuma-se dizer que o autor foi bastante prolífico. Gerou uma série de sucessores que de bom grado declaram pertencer à estirpe machadiana. Em seu discurso de posse na ABL, em 1961, Jorge Amado afirmou que o romance brasileiro se desenvolvera a partir de dois troncos bem distintos: o machadiano e o alencarino, a que ele mesmo se filiava. A propósito da primeira família, declarou: "a maioria dos descendentes de Machado – com evidentes e importantes exceções – são seus imitadores copiando do mestre não apenas a posição ante a vida transposta para a arte, mas também os cacoetes e os modismos". Prosseguiu Jorge Amado: "É que Alencar nos lega a vida e a vida vive-se, não se imita, enquanto Machado nos lega a literatura, a perfeição artística que invejamos e tentamos imitar".

Com efeito, já no século XIX surgia uma espécie de clone de Machado, o ficcionista Pedro Rabello, cujo livro, de 1895, *A alma alheia*, trazia no título uma involuntária confissão de tratar-se de alguém incapaz de criar a alma própria. A respeito, numa crônica de *A Semana*, Machado de Assis registra o pastiche de Rabello, tendo, porém, o escrúpulo de omitir o fato de ser ele, Machado, o escritor pastichado. Comenta: "Tem-se notado que seu estilo é antes imitativo, e cita-se um autor, cuja maneira o jovem contista procura assimilar".

O modernismo de 22 foi hostil ou indiferente a Machado de Assis. Mas a partir da década de 1930 começam a surgir, em qualificada escala, seus novos e autoproclamados herdeiros: Cyro dos Anjos, Josué Montello, Autran Dourado, entre outros.

Não será por esse viés – o da herança literária – que aqui falarei dos "filhos" machadianos. Procurarei localizá-los na esfera das relações pessoais desenvolvidas por esse escritor comumente descrito como alguém contido e protocolar, avesso a quaisquer manifestações públicas na ordem da afetividade.

Se não deixou sucessores biológicos, Machado cultivou zelos paternais para com dois jovens escritores, cujas obras vicejaram à sombra da frondosa acolhida do grande mestre: Mário de Alencar e Magalhães de Azeredo. Se o nome de Mário está esquecido, o de Magalhães, pode-se dizer, está soterrado. Proponho-me examinar em especial a obra deste último, tanto intrinsecamente quanto nos mecanismos de legitimação a que recorreu para alavancar-se sob a tutela do padrinho. Por fim, será também comentada a forte ligação entre Alencar e Azeredo.

Depois de 66 anos, 9 meses, 7 dias e 33 publicações na condição de acadêmico, morria, aos 91 anos, o carioca Carlos Magalhães de Azeredo, primeiro ocupante da cadeira 9 da Casa, e detentor de um recorde de longevidade na ABL que dificilmente será ultrapassado, ao menos enquanto a expectativa de vida da espécie humana não atingir os 150 anos.

A bibliografia de Azeredo, entre livros e plaquetes, comporta mais de três dezenas de títulos, dos quais sequer a metade consta de sua página no portal da Academia. Isso se deve, sem dúvida, ao fato de expressiva porção de sua obra constituir-se de opúsculos impressos na Itália, publicados às expensas do autor e provavelmente numa tiragem ínfima. Além disso, nenhuma de suas obras logrou reedição. Optando por fixar residência em Roma, onde se aposentou como embaixador junto à Santa Sé em 1934, poucas vezes retornou ao Brasil, o que rarefez ainda mais seus laços com a literatura e a cultura de nosso país, conforme relata Afonso Arinos, filho, no esclarecedor prefácio às *Memórias* de Carlos Magalhães de Azeredo, publicadas pela ABL em 2003.

E que memórias não poderíamos esperar de um escritor que aos 15 anos testemunhara a abolição da escravatura e que só viria a falecer após a Capital Federal já se haver transferido para Brasília! Infelizmente, sua autobiografia restringe-se aos anos da mocidade, encerrando-se no crepúsculo do século XIX. No índice onomástico da obra, Machado de Assis se faz presente 12 vezes, suplantado apenas, em âmbito brasileiro, por Mário de Alencar, com 13 registros, Olavo Bilac, com 17, e, duplamente soberano, por D. Pedro II, que comparece em 23 páginas.

Por iniciativa de Machado, Azeredo, aos 25 anos, tornou-se um dos dez acadêmicos eleitos na sessão preparatória de 28 de janeiro de 1897, para que se atingisse o total de quarenta membros fundadores. O jovem preenchia o requisito estatutário de ser autor de obra publicada, pois em 1895 estreara em livro com *Alma primitiva*.

É de notar que o começo da carreira de Azeredo foi bem promissor, amparado pelos bons auspícios de seu influente padrinho literário, que o considerava "um dos mais brilhantes nomes da geração nova". Já em 1898 saía na cidade do Porto o volume de versos *Procelárias*, revelando um largo fôlego poético desdobrado em 224 páginas. Na abertura do livro, em sequência a textos consagrados às figuras da mãe e da amada, deparamo-nos com o poema "No limiar", dedicado a Machado de Assis, e iniciado pela palavra "Mestre". Trata-se de uma coletânea de fatura parnasiana, com as indefectíveis evocações da Antiguidade, a que não falta sequer o tributo a Cleópatra, num soneto alexandrino do mais ortodoxo lavor decorativo: "Nubla a sombra da tarde o céu de esmalte puro,/ Que a púrpura do poente, em franjas largas, tinge;/ E o moribundo sol verdes palmeiras cinge,/ Do palácio real dourando o vasto muro". Outro índice de sua sintonia parnasiana são as dedicatórias a Olavo Bilac e a Raimundo Correia. Como também há poemas dedicados a Lúcio de Mendonça, Coelho Neto e Valentim Magalhães, é de supor que Azeredo, apesar da tenra idade, já era maduro na arte do cultivo das relações acadêmicas.

No livro seguinte, *Baladas e fantasias*, de 1900, ele faz constar, na folha de rosto, logo após seu nome, a menção "Da Academia Brasileira". A exemplo de *Procelárias*, *Baladas e fantasias* é alentada publicação, de 391 páginas, composta de vinte narrativas. Destaque-se, a merecer reavaliação positiva, o conto "Samba", no qual um grupo de negros convoca o espírito sofredor dos ancestrais também escravos, num relato pungente contra a iniquidade da escravidão, expresso em linguagem despojada, isenta dos torneios preciosos que atravancam a fluência de outros textos. Bem mais tarde, em 1922, Azeredo voltaria ao gênero em *Ariadne*, livro dedicado a Afrânio Peixoto, reincidindo, porém, com certa frequência, conforme já sinaliza o próprio título, no imaginário greco-latino. Basta comparar as personagens negras vítimas de tortura em "Samba" com "A Vênus negra", protagonista de um dos contos de *Ariadne*, assim descrita: "Era de bronze, em verdade, não de ébano [...] Ó Vênus negra! Ó vênus líbica! terrível irmã de Ísis e de Astrateia".

Mas retornemos ao início do século XX, quando se concentra o melhor da lavra de Magalhães. Em 1902, após a poesia e a ficção, surge o ensaísmo de *Homens e livros*, coletânea de nove estudos redigidos no exterior e aqui estampados pela nobre chancela de H. Garnier, Livreiro-Editor. São textos que transitam com acuidade e desenvoltura entre autores nacionais e estrangeiros: Leopardi, Garret, Eça de Queirós, Alberto de Oliveira e outros. Dois ensaios se debruçam sobre a obra de Machado. O primeiro, datado de 1897, talvez seja pioneiro na apreciação global da produção do autor, e dele transcrevo alguns excertos para que se observe a perspicácia crítica de Magalhães: "Celebrar Machado de Assis é propriamente celebrar a dignidade e a elevação da obra literária"; "os personagens de Machado de Assis são geralmente caracteres indecisos, hesitantes, atormentados pela *moléstia da dúvida*" (Magalhães observou isso antes da publicação de *Dom Casmurro*); "O ziguezague está mais na lógica real que a linha reta: nada tão comum como a dualidade, a multiplicidade até de uma alma"; "a ação para Machado não vale por si própria [...]; vale unicamente como *motivo de interpretação*. Por isso ele não se apressa"; "Os objetos lhe interessam menos pelo aspecto pitoresco, que pelo sentido íntimo e pelas relações mútuas"; sobre a personagem feminina: "Perversa, em rigor, não vejo nenhuma; perturbadoras há muitas, e de penosa decifração". Datado de março de 1898, o segundo estudo centrado no escritor da rua Cosme Velho tem por título "Machado de Assis e Sílvio Romero". Trata-se de uma refutação respeitosa, mas firme, ao venenoso livro de 1897, em que Romero hostilizara o consagrado escritor. Mais tarde, Azeredo revelaria mágoa por todos citarem a obra de Lafaiete Rodrigues Pereira, *Vindiciae*, de 1899, como o grande libelo de defesa machadiana contra as acusações de Romero, e ninguém mais se recordar de seu precursor e consistente ensaio sobre a mesma questão.

Igualmente dos albores do século XX é a mais ambiciosa investida lírica de Magalhães: *Odes e elegias*, de 1904. Em "Nota necessária" no pórtico do volume, o poeta afirma que seu livro introduz, na poética em língua portuguesa, os chamados "metros bárbaros", entendendo-se por isso, na esteira do que na Itália fizeram Carducci e Tommasèo (nominalmente citados), a prática do verso superior a doze sílabas, até então o ponto extremo do sistema métrico português. Já a ausência de rima, outro tópico enfatizado no preâmbulo de Azeredo, não era de modo algum procedimento pioneiro: o verso branco, embora menos usual do que o rimado, já fora largamente utilizado em nossas letras; entre outros, por Basílio da Gama, Gonçalves de Magalhães e Gonçalves Dias. Recorde-se, a propósito, um saboroso poema em prosa de Mário Quintana, "O susto":

Isto foi há muito tempo, na infância provinciana do autor, quando havia serões em família.
Juquinha está lendo, em voz alta, *A Confederação dos Tamoios.*
Tarararararará, tarararararará,
Tarararararará, tarararararará,
Lá pelas tantas, Gabriela deu o estrilo:
— Mas não tem rima!
Sensação. Ninguém parava de não acreditar. Juquinha, desamparado, lê às pressas os finais dos últimos versos... *quérulo... branco... tuba... inane... vaga... infinitamente...*
Meu Deus! Como poderia ser aquilo?!
A rima deve estar no meio — diz, sentencioso, o major Pitaluga.
E todos suspiraram, agradecidos.

Num raro assomo de imodéstia, em carta de 1932 endereçada a Afonso Arinos, Azeredo jacta-se de certa superioridade frente a Olavo Bilac e a Raimundo Correia: "conheci diretamente a Itália e a Grécia; assim o que neles é de segunda mão, é reflexo mais ou menos livresco, em mim é fruto de experiência imediata". Desafortunadamente seus frutos poéticos pouco a pouco murcharam, apesar de o autor neles investir até o desfecho de sua obra, como o comprova o *Intermezzo*, de 1946, publicado sem editora, às expensas do autor, no Rio de Janeiro, constituído de peças curtas, quase epigramáticas, às vezes sentenciosas, em tudo diversas da opulência verbal de seus primeiros livros. Azeredo chega a compor trovas, como este "Madrigal para uma linda freira": "Vendo-te o rosto formoso,/ e essa alma sem par,/ Deus decidiu por esposo/ seu próprio Filho te dar".

Poeta greco-cristão, Magalhães, convicto monarquista e fervoroso católico, deve ter-se duplamente ressentido com o advento da República e com a secularização da sociedade. Tinha razão Alberto da Costa e Silva, quando, em novembro de 2000, no discurso de posse na cadeira 9 da ABL, observou que Azeredo, ao longo do século XX, permaneceu fiel ao escritor que fora no século XIX. Daí, portanto, acrescento, não ser de se estranhar que o registro de suas memórias se tenha interrompido em 1898.

Numa de suas esparsas vindas ao Brasil, em 1919, incumbiu-se da recepção de Amadeu Amaral, no único discurso que proferiu em suas mais de seis décadas acadêmicas. É peça oratória de interesse, por tratar-se de um raro depoimento público pós-morte de Machado de Assis efetuado por alguém que devia praticamente tudo ao autor de *Quincas Borba* na construção de sua carreira literária.

Nesse discurso, Azeredo, além de, como de praxe, louvar o recém-empossado Amadeu Amaral, estendeu-se em elogios ao antecessor (e fundador) Olavo Bilac, externando ainda menções de afeto e saudade a Machado. Recordou, inclusive, que fora ele, Machado, quem o apresentara a Bilac.

Papéis de prosa

Mas é na extensa correspondência entre Magalhães de Azeredo e Machado de Assis que mais explícita e fecundamente se patenteiam os laços que uniam os escritores. O livro, digamos, involuntário da epistolografia de ambos acabou tornando-se o maior legado de Azeredo às nossas letras, tanto pelo que revela do jovem e impetuoso autor, quanto pelo que desvela de seu veterano e comedido mestre, 32 anos mais idoso. Cento e trinta e sete cartas dessa interlocução epistolar vieram a lume em 1969, numa edição preparada com esmero por Carmelo Virgílio, montante que se elevou a 146 na esplêndida e quase exaustiva compilação da correspondência machadiana publicada pela ABL a partir de 2008, sob a chancela de Sergio Paulo Rouanet. Dos cinco volumes em que se distribui o vasto material de 1178 missivas, Azeredo só não comparece – *et pour cause* – no tomo I, encerrado em 1869, três anos antes do nascimento do escritor.

As cartas de Azeredo são mais numerosas e extensas do que as de Machado. Com o desassombro e, às vezes, a audácia e ambição dos novatos, não se furta, às vezes, a transformar o ilustre interlocutor naquilo que hoje denominamos um "agente literário". Pede que Machado intermedeie a apresentação de seus originais junto a diversas editoras; discute valores, composição, papel e ilustrações gráficas; solicita que os preços fornecidos pelos editores sejam objeto de barganha, reivindica espaço em periódicos para seus contos e poemas, demanda opiniões e matérias, inevitavelmente elogiosas, sobre suas publicações. Insta Machado a não se retardar tanto nas respostas.

Em algumas cartas, por motivos variados, tece restrições à literatura de confrades acadêmicos: Coelho Neto, Luís Murat, Medeiros e Albuquerque, José Veríssimo e Sílvio Romero não saem ilesos de sua pena judicativa. Anotou sobre Coelho Neto: "maravilhosamente dotado pela natureza, abusou dos seus dons congênitos, fazendo da arte uma prestidigitação. [...] Do solo fértil e escolhido, onde várias plantas de luxo cresciam [...] as mãos sôfregas do agricultor empresário arrancaram cruelmente numa só primavera flores, folhas, galhos, raízes [...] É de estranhar que a terra esteja exausta e que das novas sementes só venham plantas raquíticas?". Tal invectiva, num tom dissonante da usual polidez de Azeredo, se deveu à sua grande decepção com o discurso acadêmico pronunciado por Coelho Neto na recepção de Mário de Alencar. Em outra missiva, afirmou, acerca de Valentim Magalhães: "Esse homem de talento escreve há vinte anos para o público, e ainda não fez cousa capaz de resistir ao tempo. Em vez de adorar a Perfeição, imola tudo à Pressa [...] E pede indulgência para os defeitos do livro porque o compôs com demasiada rapidez [...] eu não acredito que o Valentim escreva jamais o livro capital que sonha e promete. Aquele talento de improvisador não dá para isso. E é pena, pois na verdade poucos entre nós têm amado e cultivado as letras com tanta sinceridade e constância". Dura crítica, mas vazada com aguda compreensão. O veredito de Azeredo, no caso, tinha fundamento: Valentim revelava-se, com efeito, escritor prolífico e apressado, sem deter-se em revisões ou na leitura atenta do material que encaminhava ao prelo. Certa vez, tal desatenção o obrigou a redigir uma errata considerada das mais constrangedoras e involuntariamente cômicas da literatura brasileira — no romance *Flor de sangue*, de 1896, retificou o autor: "À página 285, 4ª linha, em vez de "estourar os miolos" — leia-se cortar o pescoço".

Machado, por seu turno, empenhava-se em atender todas as solicitações do jovem correspondente. Avesso a controvérsia, não endossou as eventuais estocadas de Azeredo desferidas em colegas da Academia: o máximo a que se permitiu foi admitir, com elegância, quase com pudor, o desconforto frente à ofensiva que sofrera de Sílvio Romero: "É um estudo ou ataque, como dizem pessoas que ouço. De notícias publicadas vejo que o autor foi injusto comigo. A afirmação do livro é que nada valho. Dizendo que foi injusto comigo não exprimo conclusão minha, mas a própria afirmação dos outros; eu sou suspeito. O que parece é que me espanca". Pouco depois, em outra carta, retorna ao assunto, com alguma ironia: "o livro [de Romero] aí está, e o editor, para agravá-lo, pôs-lhe um retrato que me vexa, a mim que não sou bonito. Mas é preciso tudo, meu querido amigo, o mal e o bem, e pode ser que só o mal seja verdade".

Tema constante foi a Academia — o registro do esforço tenaz de Machado para dotá-la de uma sede, os diálogos sobre a abrangência de suas atribuições, os comentários acerca de candidaturas que começavam a brotar em decorrência da morte dos fundadores. Em junho de 1897, anota Azeredo: "Já é alguma cousa que a nossa Academia tenha já tenha sala própria; mas sala não basta, deve ter edifício seu, e vasto e rico. Ao Congresso cabe a obrigação de doar-lho; não há esperança disso nesta quadra da economia?". Em setembro do mesmo ano, Azeredo propõe uma missão à ABL: "um serviço que ela poderia prestar seria o de tratar e resolver seriamente a questão da unidade ortográfica que nos falta ainda e aos portugueses também". Igualmente lúcidas são suas palavras sobre a constituição da ABL: "Se ela tivesse sido organizada desde o princípio sob os auspícios dos poderes públicos, certamente não valeria nada, e se tornaria com o tempo instrumento mais ou menos forçado de manobras políticas. Tiveram, porém, os fundadores o bom senso de instituí-la fora de toda a influência do Governo, afirmando assim desde logo a plena independência e a pura intelectualidade da companhia". Nos períodos de sucessão acadêmica, Machado, em geral, comportava-se com máxima discrição, zeloso da desejável aura de imparcialidade que deveria emanar da figura do presidente. Em carta de 1903, porém, demonstrou nítida inclinação para uma candidatura, declarando previamente seu sufrágio, com a precaução, porém, de deixar aberta a Azeredo a possibilidade de fazer livremente sua escolha: "Não quero insinuar-lhe voto, mas o candidato que parece reunir maioria é o Euclides da Cunha, autor dos *Sertões*. Estamos concertados muitos em votar nele, começando pelo Rio Branco".

Tópicos recorrentes dessa epistolografia foram as viagens de Azeredo, as descrições das cidades que visitava e seus baldados esforços para convencer Machado a abalançar-se a uma aventura transatlântica. Em 1905, mesmo com o presidente da Academia já fisicamente combalido, e psiquicamente fragilizado pela morte da esposa, Azeredo insistia: "Venha, pois, conhecer de perto as outras pátrias que conta[m] no mundo além da nativa. Que impressões teria de Paris, de Londres, de Berlim, da Espanha, da Itália toda, e especialmente da incomparável Roma! Não negue esse justo prêmio ao seu longo labor [...] Hoje é tão fácil cousa uma viagem da América à Europa. Pouco mais é do que um passeio de bonde, pois de fato o hábito das passagens constantes já traçou verdadeiros trilhos através do Oceano". Na resposta, depois de agradecer o convite, esquivou-se Machado: "Estou velho, fraco e doente. Demais, não tendo podido ir com minha mulher, como ela desejava tanto, sentiria agora um repelão de consciência indo só".

Falecida Carolina, apegou-se Machado de Assis, cada vez mais, a seu outro jovem interlocutor, Mário de Alencar, escritor igualmente amigo de Magalhães de Azeredo. Filho de José de Alencar fora eleito para a ABL em 1905; se suas credenciais literárias se resumiam a um exíguo volume de *Versos* (1902), com 34 poemas, contou, para fortalecer sua candidatura, com ostensivo apoio e empenho de Machado, na contramão do comedimento que sempre lhe pautara a conduta na presidência da Academia. Para o espanto indignado de muitos, Mário, praticamente sem bibliografia, derrotou o renomado ficcionista Domingos Olímpio, tendo obtido 17 votos, contra 10 do adversário. Em 1906, em discurso de posse, declarou, com modéstia extrema, que ali estava para "representar" o pai, mas em tudo fez questão de dele se diferenciar: afirmou (não sem razão) que o outro era grande, ele era pequeno; apresentou-se apenas como cultor da poesia, para não dar margem a cotejos com o gênero paterno, a narrativa. Coelho Neto parecia concordar com a diminuta dimensão a que Mário se autorreduzia, quando narrou, no discurso de recepção acadêmica, certa história em que um guerreiro desse modo lamentava:

> Assim, é meu Pai o meu maior inimigo, o único para o qual é inútil a minha coragem e serão sempre fracas as minhas armas. Nunca meu nome, o meu próprio, soará [...] Ainda que eu adotasse um nome e o levantasse com brio, mais tarde haviam de descobrir o rebuço e toda a minha glória refluiria para o túmulo daquele que, sobre haver sido grande, sempre há de ser o senhor da láurea.

A obra de Mário de Alencar se iniciou com o diminuto (9 x 13 cm) *Lágrimas*, de 1888, quando o autor, nascido em

1872, ainda era um adolescente. Os 19 poemas desse opúsculo jamais foram reeditados ou incorporados às suas subsequentes coletâneas poéticas: *Versos*, de 1902 e *Versos*, de 1909. *Lágrimas* é pródigo em dedicatórias a escritores, com notável incidência (ou "faro") em nomes que, menos de uma década depois, comporiam o quadro de fundadores da Academia Brasileira de Letras: Guimarães Passos, Olavo Bilac, Coelho Neto, Luís Murat. Aos 16 anos, talvez de forma inconsciente, Mário já começava a pavimentar o caminho em direção à ABL. No livro de 1909, apenas dois poemas trazem no título o nome da pessoa a quem são dedicados: o primeiro deles, longo texto em tercetos decassílabos, se intitula "A Carlos Magalhães de Azeredo"; o segundo, igualmente "A Carlos Magalhães de Azeredo". Na homenagem inicial, datada de 1904, Mário louva as *Odes e elegias* de Magalhães, e aproveita para fustigar a cena social e política do Brasil: "Vendo esta pátria assim tão maltratada/ Dos maus filhos perversos que ela tem/ E a tornam mais que todas desgraçada.// Eles que lhe asseguram querer bem,/ E não fazem senão querer-lhe mal!/ Que é do mal dela que o lucro lhes vêm.// Já nos chamam lá fora Senegal!/ E ai de nós! Que seria com tal gente/ Este país sem leis e sem moral!". Organizou depois um *Dicionário das rimas portuguesas*, em cujo prefácio, com espantosa franqueza, confessa não ver grande valia nesse tipo de empreitada, e, talvez caso único no gênero, enumera também as palavras para as quais não conseguiu encontrar a rima, a exemplo de "apêndice", "Cleópatra", "Pedro" e "taquígrafo".

Em âmbito acadêmico, Mário é recordado com simpatia por um motivo extraliterário: coube a ele a iniciativa do estabelecimento da "cédula de presença", mais conhecida como "jeton".

Seus melhores trabalhos foram publicados após a morte de Machado, em 1908, no volume *Alguns escritos*, de 1910. Textos primorosos sobre a vida e a agonia do mestre se espraiam por 51 das 158 páginas do livro. O autor é categórico na afirmação de que fora a esposa Carolina o modelo para a personagem Carmo, do *Memorial de Aires*, respaldando-se em depoimento do próprio romancista. As suas "Páginas de saudade" assim se iniciam: "Comecei a escrever estas páginas algumas horas antes de morrer Machado de Assis". Curiosa e sintomaticamente, o memorialista/prosador Alencar, até então poeta, começou a nascer no momento em que o "pai" começou a morrer.

Conquanto entre Joaquim Maria, Mário e Carlos inexistissem vínculos de sangue, os três constituíram uma efetiva família de espíritos. Comentários malévolos atribuíram a Machado a paternidade biológica de Mário. Conferiu-se erroneamente a Humberto de Campos a paternidade de tais intrigas. Humberto, na anotação de seu *Diário secreto* datada de 13 de março de 1928, refere que as insinuações partiram de Goulart de Andrade — ele, portanto, apenas as teria propagado, atitude que, a rigor, não sei se é atenuante ou agravante.

De qualquer forma, quando indagado se é verdade que Machado teve um filho acadêmico, respondo que não: teve dois, igualmente amados, o filho próximo, Mário, e o distante, Carlos, herdeiros espirituais que alçaram Machado de Assis ao patamar de uma ascendência simbólica da qual muito se orgulhavam, e que nunca deixaram de proclamar. Partilhando o mesmo "pai", forçosamente haveriam de sentir-se unidos por laços fraternos. Leia-se numa carta de Azeredo, dezembro de 1896: "O nosso Mário escreve-me muito assiduamente, e eu a ele. Sei quanto ele me quer, e eu correspondo com toda sinceridade da minha alma a esta amizade, uma das que eu espero que sejam eternas". Leia-se outra carta, novembro de 1905: "Amigos [...] com alguns estou em falta; pergunte ao Mário, um verdadeiro irmão para mim". Tal consórcio triplo de almas afins já estava, talvez, premonitoriamente inscrito no "recado do nome" de suas idênticas iniciais: M. de A., Machado de Assis, M. de A., Mário de Alencar, M. de A., Magalhães de Azeredo.

Mário viveu até o dia 8 de dezembro de 1925. Azeredo não regressou para acabar seus dias na pátria, conforme desígnio expresso em carta da juventude. Faleceu em Roma, no dia 4 de novembro de 1963, em situação de quase penúria. Vira-se forçado a vender, para subsistência, parte do mobiliário e algumas outras peças do acanhado apartamento em que residia. Sem amigos, ignorado no Brasil, desconhecido na Itália, partiu sem atingir o alto destino prognosticado por Machado de Assis, comprovando que, às vezes, até os deuses literários se equivocam em seus vaticínios.

Carlos Magalhães de Azeredo, porém, já profetizara a zona de sombra que recairia sobre sua obra, e que atingiria também a literatura de seu "irmão". No epílogo do último poema de sua primeira coletânea de versos, dolorosamente prenunciou a dissipação de seus sonhos: "E ides morrer também, num silêncio de gelo,/ Ó doces cantos meus! Inútil foi meu zelo/ Por vós! Em vão o afã da Glória me consome./ As gerações por vir não saberão meu nome".

Foi para combater esse "silêncio de gelo" que evocamos esses dois filhos esquecidos de Machado de Assis.

No centenário de *Esaú e Jacó*: Machado e seus duplos

É lugar-comum afirmar a existência de uma "fase madura" na ficção de Machado de Assis, a partir da publicação, em 1881, das *Memórias póstumas de Brás Cubas*. Mais incomum é a ênfase, não diríamos em uma possível "terceira fase", mas na inflexão da segunda, com os romances *Esaú e Jacó* (1904) e *Memorial de Aires* (1908). Em ambos observa-se um narrador menos cáustico na avaliação das mazelas humanas. A corrosiva ironia de obras anteriores cede lugar a uma (até certo ponto) tolerante compreensão da fragilidade terrena. Não havendo conserto para o desconcerto do mundo, melhor é assistir ao espetáculo de camarote – sem deixar, é claro, de alfinetar, aqui e acolá, o mau desempenho dos atores, através de um riso mais complacente do que cruel. Tal parece ser a divisa do narrador (e importante personagem) dos derradeiros romances machadianos, o Conselheiro Aires.

Na "Advertência" à primeira edição de *Esaú e Jacó*, somos informados de que, no espólio de Aires, foram localizados sete cadernos; seis deles comporiam o *Memorial*, e o *Último* (assim cognominado) corresponderia ao romance que então se publicava.

Inicia-se um sutil jogo de inversões, na medida em que o "último" (rebatizado com o nome de *Esaú e Jacó*) foi o "primeiro" a surgir, enquanto os supostos seis cadernos anteriores, do *Memorial*, só viriam à estampa quatro anos depois. O famoso defunto-autor Brás Cubas cede voz, agora, a um autor-defunto, Aires.

Pela primeira vez, dois personagens nomeiam um romance (em oposição aos títulos anteriores, centrados num personagem único, de *Helena* a *Dom Casmurro*). Ao duplo bíblico – Esaú e Jacó – corresponderão, no texto, os gêmeos Pedro e Paulo – duplo do duplo, portanto.

A ironia machadiana, neste romance, não se fará muito perceptível, porque se tornará menos circunstancial e mais estrutural: vai incidir não apenas em anedotas, mas no princípio interno de organização da obra. No que tange às peripécias, e para não irmos além dos capítulos iniciais, lembremo-nos de que duas irmãs sobem o morro para consultar uma cabocla, esbarram em dois sujeitos, recebem o cartão de consulta número 1012, dão esmola de dois mil-réis; o narrador adverte que os oráculos têm um falar dobrado. Santos, marido de Natividade, consulta uma segunda adivinha, de linhagem espírita.

De modo esquemático, podemos entender o livro como uma irônica produção de duplos em que os termos, em vez de serem idênticos (pois duplicados), acabam, apesar da semelhança, ou talvez por causa dela, tornando-se radicalmente opostos ou antagônicos entre si. O exemplo mais cabal desse dissenso é fornecido pelos próprios gêmeos: idênticos fisicamente, diversos (ou até beligerantes) em todo o resto. Pedro, monarquista e recatado; Paulo, republicano e impetuoso. A anulação das diferenças restauraria o "dois-em-um perfeito", a unidade primordial anterior a qualquer fratura ou cisão. A vivência da fragmentação transforma-se assim, e insuportavelmente, na sequela de um paraíso perdido. A heroína Flora, dividida no amor pelos gêmeos, representa ao mesmo tempo o desejo e o malogro da reconstituição de um tempo e espaço inteiriços. Não por acaso, uma bem orquestrada simbologia edênica acompanha, em baixo contínuo, a caracterização da personagem. Numa clave metafórica, Flora não produz frutos: estiola-se, e morre à míngua do impossível. Incapaz de fazer dos gêmeos uma só pessoa, acaba perdendo ambos, e a vida. "Inexplicável" é o adjetivo com que Aires tentou, em vão, explicá-la.

Já se interpretou *Esaú e Jacó* como crítica à organização social e política do Brasil na passagem do Império à República. É certo, mas é pouco. O enredo registra, de fato, alguns dos mais cruciais eventos do final do século XIX no Brasil, mas seria decepcionante tentar informar-se deles tomando por base o registro factual, de escassas linhas, com que se inscrevem no livro. O turbilhão de época ecoa filtrado na dimensão dos gestos mínimos. Em Machado, o fato é (quase) nada; o olhar é tudo. Para saber de um homem, não é preciso ver o que ele vê; basta, sim, vê-lo ver, e, sobretudo, vê-lo ver-se. Mais do que cronista histórico ou romancista de costumes (etiqueta que explicitamente rejeitou em *Ressurreição*, de 1872), Machado é um romancista dos "maus costumes", da inconstante e dúbia consciência individual. Muitas matérias de interesse aparentemente público são dimensionadas unicamente pelos dividendos de satisfação ou ganho particular que proporcionarão a seus agentes. O episódio em que o comerciante Custódio, numa época de convulsões políticas, não sabe se mantém no seu estabelecimento o nome de "Confeitaria do Império", ou se aproveita a ocasião para logo rebatizá-lo de "Confeitaria da República", é bem sugestivo. O que o move é o oportunismo (ou a "adequação ao contexto", se preferirmos um cínico eufemismo); a ideologia é secundária, quando gera polêmica ou sangra o bolso.

O romance não é, certamente, o livro machadiano de maior ressonância junto ao público contemporâneo, apesar de, à época do lançamento, ter obtido acolhida extremamente favorável. A rarefação do enredo (as coisas acontecem pouco, e devagar), aliada à costura mais distensa do tecido narrativo, acaba gerando um mosaico de episódios atomizados, que nem sempre se imbricam, frustrando os leitores ávidos de peripécias abastecidas na causalidade. O apelo amoroso-sentimental do livro também é tíbio, se contrastarmos a pudica e delicada Flora com suas carnais e robustas antecessoras Virgília, Sofia e Capitu. Por outro lado, a consciência metalinguística do escritor se revela mais aguda do que nunca. Atentando para o nome das personagens, logo detectamos predestinação ou (com mais frequência) ironia. Natividade encarna uma vocação relutante para tornar-se mãe. Ela, que também é Maria, casa-se com Santos, que também é José, e ambos ficam amigos do casal Batista. Perpétua nega as leis de perpetuação da espécie: é viúva sem filhos. O inescrupuloso Nóbrega não possui alma nobre nem caridade cristã. A cabocla com raízes africanas se chama Bárbara. No capítulo XII, o moderado e conciliador Aires se encontra em casa de Plácida, retornando de missão no Pacífico...

Esaú e Jacó foi o derradeiro romance de Machado a ser lido por sua esposa Carolina, que morreria em outubro de 1904, e a cuja memória o escritor ainda renderia homenagem no *Memorial de Aires*, através da criação de uma personagem, dona Carmo, inspirada na falecida mulher. Tal fonte de inspiração, às vezes contestada, não deveria ser objeto de controvérsia, uma vez que o próprio Machado a confirmou, conforme depoimento transcrito em *Alguns escritos* (1910), de Mário de Alencar.

A imaginação de Machado produziu algumas das mais notáveis personagens femininas de nossa literatura, fascinantes pela complexidade e pela divergência de caracteres que apresentam entre si. Com a cautela necessária para evitar-se um biografismo redutor, seria interessante efetuar-se um estudo detido de nossos grandes escritores pelo prisma das marcas textuais que lhes foram impressas por suas mulheres, verificando a intensidade e o teor dessa presença na fatura da obra, e observando ainda de que modo os seres de papel ratificam ou retificam os seres reais de que eventualmente se teriam originado. Para nos restringirmos ao século XIX, e a dois gêneros literários, logo ocorreriam os nomes de Eugênia Câmara, para a poesia de Castro Alves, e de Carolina, para a ficção de Machado. A primeira, musa arrebatadora, parceira vulcânica de um autor existencial e liricamente em perpétua ebulição; Carolina, comedida, na imagem doméstica de um amor fiel e sem sobressaltos. As obras de um e de outro escritor certamente não seriam o que foram, sem a presença – na graça ou na desgraça – de suas companheiras.

Linguagem e loucura em "O alienista"

"O alienista"[1] (1881) é um relato supostamente baseado em relatos anteriores. Desses, o leitor pouco sabe. Apesar de referidos diversas vezes, não são transcritos: são apropriados pelo narrador, que, com isso, finge legitimar a veracidade histórica de seu enunciado — afinal, como pôr em dúvida a verdade, se expressa pelos "antigos cronistas"? "As crônicas da vila de Itaguaí dizem"; "Os velhos cronistas são unânimes em dizer". Mas até que ponto podemos considerar fidedigna a fala do narrador, se ela se investe de uma onisciência impossível ao simples registro factual, externo, dos historiadores? Se ela esvazia e ridiculariza a pretensão grandiosa que costuma habitar a História? De qualquer modo, ao re-narrar o que, sob outra forma, já teria sido narrado, Machado de Assis, no nível mesmo da enunciação, introduz no texto a noção de *duplicidade*: o discurso é dele e de outros, os predecessores. E essa noção se espelha e se espalha no enunciado, de tal modo que tudo, ou quase, será

---

[1] ASSIS, Machado de. "O alienista", em: ASSIS, Machado de. *Seus 30 melhores contos*. Rio de Janeiro: Aguilar, 1961, p.51-111.

sempre *outra coisa*, ou uma segunda coisa. Assim, o protagonista Simão Bacamarte é europeu (formação portuguesa) e brasileiro; oriental (estudos árabes) e ocidental; sujeito que detém um conhecimento e objeto desse mesmo saber (vítima de si próprio, no último capítulo).

Ao leitor certamente não terá passado despercebida a fina ironia com que Machado contrapõe a incessante mobilidade e ambiguidade humanas à ânsia de fixação e de univocidade que persegue o alienista, símbolo-caricatura de um pensamento cientificista vigente na segunda metade do século XIX. Simão vai, simbolicamente, disparar seu bacamarte (substantivo comum: arma de fogo) em todas as direções, no desejo de atingir um único alvo: a Verdade universal e imutável, descontaminada das paixões e da contingência humana:

> D. Evarista era mal composta de feições, longe de lastimá-lo agradecia-o a Deus, porquanto não corria o risco de preterir os interesses da ciência na contemplação exclusiva, miúda e vulgar da consorte.

O narrador em vários momentos registra a consciência "superior" de Simão, que, para fazer-se alienista, precisa fazer-se alienado da emoção: "O metal de seus olhos não deixou de ser o mesmo metal, duro, liso, eterno"; "frio como um diagnóstico, sem desengonçar por um instante a rigidez científica". No entanto, e para seu incômodo, a realidade insiste em surpreender. Partirá o sábio, então, em busca de outras teorias que, mais uma vez, lhe deem a ilusão de domar a realidade – até ser de novo derrotado por ela. O texto propõe um constante *mudar de lado*, patente não apenas no aspecto psíquico (razão/loucura), mas num fervilhante jogo social. O barbeiro Porfírio, que traz no nome a vocação do conflito (porfia: discussão), passa da revolução à legalidade; os dragões passam da legalidade à revolução; e, caso mais sutil, o boticário Crispim passa de um lado (favorável ao alienista) a outro (favorável a Porfírio), permanecendo no mesmo lugar: o de apoio ao poder, seja ele qual for.

Não se pense que, por caricaturar o alienista, o narrador demonstre compaixão por suas vítimas. Se Machado é incisivo ao ironizar o ideal imobilista de Simão, não o é menos ao satirizar, em especial, o frenesi da classe política, sempre apta a defender vigorosamente seus próprios privilégios, e capaz das mais abjetas e pusilânimes ações para amainar sua insaciável fome de poder:

> [...] a Câmara, legislando sobre uma experiência científica, não podia excluir as pessoas dos seus membros das consequências da lei: a exceção era odiosa e ridícula. Mal proferira estas duas palavras, romperam os vereadores em altos brados contra a audácia e a insensatez do colega; [...].

Ao desqualificar eticamente a grande maioria dos personagens, Machado controla junto ao leitor qualquer ímpeto de empatia ou sentimentalismo. Míseros joguetes entregues às garras do alienista, ou às garras de suas próprias e mesquinhas ambições, os personagens, afinal, parecem merecer o medíocre destino que lhes compete. Somente o narrador se poupa do ridículo apontando o ridículo alheio, e entre ele e o leitor se pode estabelecer uma espécie de cumplicidade maliciosa, baseada na fruição da pequenez de espírito dos itaguaienses:

Entre a gente ilustre da povoação havia choro e ranger de dentes, quando se pensava, ou se falava, ou se louvava a casa do albardeiro – um simples albardeiro, Deus do céu!

Mas, se satiriza igualmente o alienista e suas vítimas, afinal de que lado está Machado de Assis? De nenhum. O ceticismo diante de fórmulas que pretensamente "expliquem" o ser humano é uma constante em sua obra, que insiste e se alicerça na questão da perspectiva, do ponto de vista. "X" não *é* assim: *está* assim, visto desta maneira, e apenas desta. Nada mais distante do sonho de Simão, que queria, para a loucura, descobrir o "remédio universal".

Ao menos duas questões fundamentais se destacam no texto e se interpenetram – não apenas em "O alienista", mas em várias obras da "segunda fase" machadiana: o papel da linguagem e o conceito de loucura. Diante de ambos os aspectos, a posição de Machado é de uma extrema modernidade, e não apenas quando referida à produção literária brasileira, já então exaurida pelos epígonos do romantismo e prestes a aderir à ortodoxia do naturalismo. Em muitos níveis, a ficção de Machado de Assis se iguala, e até ultrapassa, ao que de mais elaborado se criou no conjunto da literatura ocidental na segunda metade do século XIX.

Quanto à linguagem, o mínimo que se pode dizer sobre Machado é sua tendência absolutamente antirretórica. Não apenas no manejo da frase, em geral curta e sintaticamente simples, mas sobretudo na escolha vocabular, que passa ao largo da ênfase, da hipérbole tão caracteristicamente romântica. "O alienista" satiriza o falar vazio, a retórica pomposa, exemplificada, entre outros, nos personagens Martim Brito ("gostava das ideias sublimes e raras, das imagens grandes e nobres") e Porfírio, que denominara a Casa Verde de "Bastilha da razão humana — expressão que ouvira a um poeta local, e que ele repetiu com muita ênfase". Já o bajulador Crispim nos surge como retórico antes por conveniência do que por índole. Funciona como um "amplificador" do discurso de Simão, na tentativa de angariar-lhe mais simpatia. Sua posição de inferioridade, de "menos", o faz içar a fala para o "mais". Simão: "Creio que com isto presto um bom serviço à humanidade". "Um excelente serviço, corrigiu o boticário."

A retórica não seria tão perigosa se fosse tomada apenas como inofensivo jogo de palavras, como "arrojos sem significação". Um ponto habilmente explorado no enredo é o fascínio —, o perigo — do *efeito* retórico, seu insidioso poder de persuasão. D. Evarista, alvo de muitos encômios, queria crer que tudo eram "arrojos"; "mas, ainda descontando três quartas partes das louvaminhas, ficava muito com que enfunar-lhe a alma". O vereador Sebastião Freitas adere a Porfírio unicamente pela "beleza" da expressão "Bastilha da razão humana"; antes legalista, "achou-a tão elegante que mudou de parecer". E só retorna à lei porque alguém comenta que a rebelião era "um turbilhão de átomos dispersos. Esta figura corrigiu um pouco o efeito da outra". E o próprio alienista, que aprecia bastante o tom sentencioso, eventualmente adere à hipérbole: "A ciência, disse ele a Sua Majestade, é o meu emprego único; Itaguaí é o meu universo". Sempre haverá ouvidos ávidos para esse "falar bonito". Até a autorização para o funcionamento da Casa Verde se deveu a um golpe de retórica, pois o narrador não se refere à *argumentação* de Bacamarte, anotando, porém, que a proposta foi defendida "com tanta eloquência, que a maioria resolveu autorizá-lo ao que pedira".

A grandiloquência, tão agudamente criticada, não se esgota no domínio verbal: invade o campo gestual, a crônica diária das atitudes. Assim, o albardeiro Mateus compensa a pouca instrução com a excessiva ostentação: exibe-se a si mesmo e à casa; D. Evarista é pouco mais do que um furor de "sedas, veludos, rendas e pedras preciosas". E até a convulsão social profetizava a queda da "Bastilha da razão humana", quando não passava de um ralo e reles movimento de Canjicas (canjica, alimento de pouca consistência...). O narrador atua, então, em sentido contrário à hipérbole, levando para o nível do "menos", e com certa maldade, a comparação que utiliza para falar da arma do barbeiro Porfírio: "Este ia na frente, empunhando tão destramente a espada, como se ela fosse apenas uma navalha um pouco mais comprida."

É exatamente pelo denominador comum "hipérbole" que encaramos o vínculo linguagem/loucura. Em determinado momento, Simão identifica a loucura a tudo que se revele como portador de um excesso. Doido é quem fala mais do que devia (Martim Brito), ou dá mais do que se espera (Costa). Mas a partir de que mínimo o excesso se torna máximo? Nesse ponto se confirma a modernidade de Machado, que rejeita, em pleno século XIX (antes, portanto, do surgimento da psicanálise freudiana), teorias patológico-genético-hereditárias do fenômeno da loucura, para situá-lo antes como construção social: se é móvel seu conceito, como pode ser intrínseco o fenômeno? Louco será quem assim for declarado por fonte autorizada, isto é, considerada comunitariamente como detentora de um saber, especialmente médico. Em regra, esse poder é diluído por várias instituições; no texto, ele se concentra metonimicamente em Simão Bacamarte, assinalado, de maneira pública, pela hipérbole que combate, de maneira clínica: ele é "grande homem", "alto espírito", "varão ilustre". Assim individualizado, o arbítrio do poder se mostra de forma contundente e caricatural: Simão troca de teorias quase como a esposa troca de joias.

No capítulo I, o padre Lopes comenta: "Isso de estudar sempre, sempre, não é bom, vira o juízo." Mas para que lado? Quando um lado, de repente, já está sendo o outro? É este o mal-estar que acompanhará Simão até a morte: não conseguir precisar o imprecisável, não saber onde lançar "cientificamente" a linha demarcatória entre razão e loucura. Tarefa impossível, pois a linha só existe em função do discurso que a determina; corresponderá, portanto e sempre, a um espaço *situado*, a uma perspectiva, e nunca a um território "puro" ou isento, como queria o alienista: "demarquemos definitivamente os limites da razão e da loucura. A razão é o perfeito equilíbrio de todas as faculdades".

A aventura fracassada de Simão passa por quatro estágios. Primeiro, ele parece referendar o que já era consensual e difusamente entendido como loucura, ao recolher na Casa Verde os indivíduos que eram segregados fora dela. Depois, retrai o espaço da razão, momento da "torrente de loucos" (cap.II), e que acaba por sublevar a vila; em seguida o dilata, declarando sãos os inúmeros que julgara loucos, e loucos os raros que supunha totalmente equilibrados. Uma vez "curados" esses últimos, resta atingir o último estágio, o mais impiedosamente irônico para com o alienista: Simão detecta em si mesmo os sintomas da loucura. Enlouquecido, talvez, pela razão excessiva, pela autotirania de se julgar acima do lá e do cá, e, em consequência, andar sempre na linha, Bacamarte jamais se livrou da obsessão da simetria: "Como a introdução do volume desconcertasse um pouco a linha dos dois tomos contíguos, Simão Bacamarte cuidou de corrigir esse defeito mínimo, e, aliás, interessante." Curiosamente, essa seria também a maior restrição que se poderia fazer ao texto: não haveria um certo maniqueísmo simétrico na destruição do maniqueísmo efetuada por Machado de Assis? Afinal, *todos* os loucos viram sãos, e vice-versa. O narrador, espertamente, poderia responder que essa visão não é dele, mas de Bacamarte, tal qual o descreveram os "velhos cronistas" de Itaguaí. De qualquer modo, frisemos que a ficção subsequente de Machado acentuará ainda mais a dissolução do maniqueísmo, relativizando inclusive as próprias "verdades" do narrador. Mas voltemos a "O alienista". Nos limites deste nosso espaço interpretativo, muitos aspectos importantes da obra foram deixados de lado, à espera de um futuro desenvolvimento analítico: a crítica ao nepotismo, consubstanciada no afã com que Crispim Soares incluía a família em negócios proveitosos para si e onerosos aos cofres públicos; a crítica à alienação da mulher (D. Evarista), tão submissa quanto fútil. Não faz mal. À maneira de Simão, coloquemos aqui uma linha, e convidemos o leitor a saltar para o lado de lá, para dentro do texto.

"Cantiga de esponsais" e "Um homem célebre": estudo comparativo

O conto "Cantiga de esponsais"[1] foi incluído no volume *Histórias sem data*, de 1884. "Um homem célebre"[2] pertence a *Várias histórias*, de 1896. Para eleger esses textos de Machado de Assis como objeto de um estudo comparativo, fomos levados, de início, pelos evidentes pontos de contato entre ambos: tanto num quanto noutro é relatada a história de um músico que ambiciona imortalizar-se pela criação, e que morre sem lograr seu intento; trata-se, em suma, do contínuo jogo entre o desejo e a capacidade, entre o limite e sua eventual superação.

Além de tentar descrever os contos em termos de constituição autônoma de um universo imaginário, destacando as linhas que tecem cada texto, buscaremos sublinhar a espécie de diálogo que os dois estabelecem entre si, através não apenas de episódios aparentados, mas de visões do mundo que também apontam para horizontes análogos. Destaquemos, contudo,

---

[1] ASSIS, Machado de. "Cantiga de esponsais", em: ASSIS, Machado de. *Seus 30 melhores contos*. Rio de Janeiro: Aguilar, 1961, p.189-94.
[2] Idem. "Um homem célebre", em: Idem. Op. cit., p.379-91.

que a ressonância intertextual, tal como Machado a pratica nas duas narrativas, não implica a redundância dos processos de narração. Daí a importância de salientar, ao lado da similitude do tema, a sutil e diversa manipulação, no nível das técnicas de composição, que o narrador machadiano opera num e noutro texto.

"Cantiga de esponsais" é narrado em terceira pessoa. As marcas do narrador onisciente se fazem sentir desde o início, quando se efetua um convite ao pacto narrativo: "Imagine a leitora que está em 1813, na igreja do Carmo, ouvindo uma daquelas boas festas antigas [...]". O apelo ao leitor (traço da enunciação, e, portanto, signo da presença do narrador) se formaliza apenas no primeiro parágrafo do conto, sem apresentar a reiteração que singulariza, por exemplo, as *Memórias póstumas de Brás Cubas*. Seria interessante verificar, no conjunto da obra machadiana, as conotações específicas subjacentes à distinção leitor/leitora. Uma primeira hipótese poderia ser a de que a "leitora" tende a ser convocada para uma aproximação sensível/sensorial com a matéria narrada, enquanto o "leitor" se faria presente nos episódios em que tais categorias não fossem fundamentais. A "leitora" de "Cantiga de esponsais" deve imaginar que está *ouvindo* uma festa antiga, do mesmo modo que a primeira intervenção (no caso, de personagem) feminina em HC virá sob a forma de um comentário entusiasmado à *audição* do pianista Pestana.

A perspectiva do narrador, em "Cantiga de esponsais", é partir do geral ao particular, num movimento fortemente apoiado na metonímia. Das "boas festas antigas" vai-se para "os padres e os sacristães", para "os olhos das moças cariocas, que já eram bonitas nesse tempo", até atingir "uma cabeça branca", a do maestro: totalidade público protagonista.

Situando as ações em 1813, e referindo-se à beleza, pretérita e contemporânea, das cariocas, o narrador reforçou a dissonância entre a sua temporalidade e a da história. A cronologia da enunciação e a do enunciado raras vezes são simultâneas, e isso se evidencia até na utilização do passado como o tempo narrativo por excelência. "Cantiga de esponsais" torna explícita a disjunção: "podem imaginar o que seria uma missa cantada daqueles anos remotos".

O protagonista, alvo final da lente de aproximação acionada pelo narrador, não é nomeado no primeiro parágrafo: sabemo-lo apenas maestro, ou seja, um ser *em função*. O parágrafo subsequente estende a identificação:

> Chama-se Romão Pires; terá sessenta anos, não menos, nasceu no Valongo, ou por esses lados. É bom músico e bom homem; todos os músicos gostam dele.

As informações, no entanto, são veiculadas de maneira intencionalmente incompletas. Se atentarmos bem, verificaremos que as linhas dedicadas ao "registro civil" do protagonista ao mesmo tempo anunciam e *omitem* sua verdadeira idade e local de nascimento. Esta é outra característica da ficção machadiana, a de trabalhar à contracorrente do peremptório, na esfera ambígua das declarações aproximativas: discurso que alude e elide.

O narrador, neste parágrafo, cria também um nível intermediário de temporalidade, ao comentar que o sucesso de Romão "equivalia a esta outra forma de anúncio, anos depois: 'Entra em cena o ator João Caetano'". Dizemo-lo intermediário porque os "anos depois" não indicam necessariamente uma coincidência com o presente histórico do narrador: sabemos apenas que não se confundem com o momento do personagem. Mas tal temporalidade, consubstanciada, via João Caetano, numa das inúmeras alusões culturais da obra de Machado, não mais será ativada no transcorrer da narrativa.

A descrição do Mestre ("Quem não conhecia mestre Romão, com o seu ar circunspecto, olhos no chão, riso triste e passo demorado?") obedece também ao critério da aproximatividade. Ao lado de dados objetivos ("olhos no chão"), coexistem elementos que indiciam mais a *percepção* alheia a incidir no personagem ("ar circunspecto", "riso triste") do que sua objetiva constituição. Esse recurso – o de preterir a descrição do corpo em si em prol das *impressões* que o corpo provoca em outrem – parece-nos ser dos mais abundantes na obra machadiana, amplamente utilizado em *Dom Casmurro*. Serve ainda como desvio da rígida pretensão de objetividade naturalista, alvo de aguda crítica por parte do autor em seu famoso ensaio sobre *O primo Basílio*.

A realidade cotidiana do protagonista é situada como o espaço da tristeza e do esvaziamento; a arte, como o preenchimento da existência e explosão das forças vitais, associada aos signos de luz e claridade:

> Tudo isso desaparecia à frente da orquestra; então a vida derramava-se por todo o corpo e todos os gestos do mestre; o olhar acendia-se, o riso iluminava-se: era outro.

É verdade que, no caso, trata-se de arte alheia; "mas ele rege-a com o mesmo amor que empregaria, se a missa fosse sua". Uma das questões básicas do texto – a impotência criativa – é assim sugerida, de forma aparentemente anódina, já neste segundo parágrafo.

A luminosidade da festa é reaproveitada conotativamente para exprimir a transformação do personagem: "Acabou a festa; é como se acabasse um clarão intenso, e deixasse o rosto apenas alumiado da luz ordinária." O silêncio é o elemento que se instala na vida diária ("Tudo isso indiferente e calado"), como se a única forma de comunicação do Mestre fosse a arte, posto que alheia.

Parceira do silêncio, a solidão. Não é por acaso que tanto em "Cantiga de esponsais" quanto em "Um homem célebre" os protagonistas são viúvos sem filhos e vivem em ambientes onde a única companhia se resume à monossilábica figura de um velho escravo. A casa, aliás, é metonímia da incompletude e do vazio existencial de Romão:

> A casa não era rica naturalmente; nem alegre. Não tinha o menor vestígio de mulher, velha ou moça, nem passarinhos que cantassem, nem flores, nem cores vivas ou jucundas. Casa sombria e nua.

Salientemos, nesse passo, a técnica machadiana de narrar *por subtração*: para enfatizar o vazio, o narrador compraz-se em discursar sobre a ausência ("Não tinha o menor vestígio" etc.). E também o universo da criação será marcado pelo *não*: "Sobre uma cadeira, ao pé, alguns papéis de música: nenhuma dele..." — o que vem corroborar o índice inicial (na missa) da vocação frustrada de Romão. O narrador se faz porta-voz do desejo do personagem ("Ah! se mestre Romão pudesse, seria um grande compositor."). Em seguida, desenvolve um discurso abstrato que, por abstrato, poderia com pertinência também ser endereçado ao Pestana de "Um homem célebre", e onde reflete sobre o tema da irrealização artística:

> Parece que há duas sortes de vocação, as que têm língua e as que a não têm. As primeiras realizam-se; as últimas representam uma luta constante e estéril entre o impulso interior e a ausência de um modo de comunicação com os homens.

Mestre Romão possuía a "vocação íntima da música", "um mundo de harmonias novas e originais": é importante observar que o narrador somente destaca o aspecto *formal* da criação, o que deixa subentendido, a contrário (pelo fracasso), que esse tipo de estímulo, desligado da pulsação concreta da vida, tende a redundar no vazio.

Para injetar substância vital ao horizonte de formas em que Romão se debatia, o narrador opera um corte temporal, remontando ao matrimônio do personagem, e falando de seu esforço em homenagear a cônjuge com um canto esponsalício. Também aí não houve realização, mas, confrontado ao silêncio, anterior e posterior, é inegável que o canto inconcluso representou um certo progresso, e não é à toa que tenha brotado exatamente no período de maior consórcio de Romão com o Outro, e não apenas com a Arte. O malogro do canto propicia, de maneira alegórica, novas reflexões do narrador sobre as "vocações sem língua", comparando-se a inspiração do personagem a uma ave aprisionada: "Como um pássaro que acaba de ser preso, e forceja por transpor as paredes da gaiola, [....] assim batia a inspiração do nosso músico, encerrada nele sem poder sair, sem achar uma porta [...]."

Novo corte temporal, e o narrador retorna ao presente, com a doença do Mestre, que acabará por levá-lo à morte. Em "Cantiga de esponsais", o núcleo da ação transcorre num tempo relativamente curto (entre a festa inicial e o falecimento de Romão decorre menos de uma semana), em contraposição aos dez anos focalizados nos (in)sucessos de "Um homem célebre".

À beira-morte, o personagem realimenta a obsessão dos primeiros anos de casado: rematar o canto incompleto, "fosse como fosse; qualquer cousa servia, uma vez que deixasse um pouco de alma na terra". Nessa confissão, desponta outro tema privilegiado na obra machadiana: a sede de glória. Na ficção de Machado, em geral, a ânsia de posteridade se camufla em pretextos que visam a atenuar o verdadeiro móvel: a profunda vaidade do personagem. No caso de Romão, a homenagem à esposa é disfarce que não vela a pretensão à eternidade.

O surgimento de um jovem casal frente à janela do Mestre, além de acionar a antítese vida/morte, traz à tona outra oposição, a ser travada entre o domínio técnico (formal) do protagonista e a espontaneidade dos jovens, que, "debruçados, com os braços por cima dos ombros, e duas mãos presas", articulam sua sintaxe afetiva segundo os movimentos que lhes ditam o amor e o momento. Romão tenta utilizar esse quadro vivo como estímulo à inspiração, mas detém-se, como de hábito, na nota "lá". Ora, tal vocábulo, além de designar um substantivo, também pode ser um advérbio de lugar; lá: algo que está distante, embora talvez visível, e além do *aqui* ao alcance do personagem. Como ultrapassar o *lá?* Sintomaticamente, vemos Romão ao lado de uma janela, espaço intermédio, transparência entre o dentro e o fora, entre a reclusão e a aventura; ele não transporá esse limite: "Não exigia uma peça profundamente original, mas enfim alguma cousa, que não fosse de outro e se ligasse ao pensamento começado."

A exigência da originalidade, da marca pessoal, acompanha o Mestre até a morte, tal qual sucederá em "Um homem célebre". Mas, paralelamente a ela, infiltra-se o contraponto da *concessão*, outro traço importante em muitos personagens machadianos, levado às raias da caricatura no conto "O empréstimo", em que o protagonista Custódio solicita a um conhecido cinco contos de réis e, de concessão em concessão, obtém, com humilhada satisfação, quantia mil vezes menor.

No epílogo de "Cantiga de esponsais", Romão renuncia à ideia da criação e rasga o que compusera, para logo após ouvir à jovem o trecho musical que buscara durante tanto tempo – a ultrapassagem do *lá*: "O mestre ouviu-a com tristeza, abanou a cabeça, e à noite expirou." O final do conto reitera a impotência da arte quando abstraída do movimento da vida, ou quando a ele refratária. Ao improvisar a frase melódica, a mulher consolidou a vitória da criação como sinônimo de algo proveniente de uma emoção efetiva, e não de um prévio domínio formal.

"Um homem célebre" também é narrado em terceira pessoa, sem que o pacto explícito com o leitor seja acionado desde o início. Na verdade, ocorrerá apenas uma vez ("cousa de que se não ocupa a minha história, como ides ver"), e sem a funcionalidade do texto anterior, onde demarcava a discrepância da temporalidade dos personagens frente à do leitor e do narrador.

O detalhe escamoteado na introdução de "Cantiga de esponsais" é o primeiro a ser fornecido em "Um homem célebre": o nome do protagonista ("– AH! o senhor é que é o Pestana? perguntou Sinhazinha Mota [...]"). Inverteu-se, com a nomeação, a prioridade do enfoque, e inverte-se também o ângulo de captação do espaço. No texto anterior, o narrador partira do geral (a festa) ao específico (a cabeça branca do maestro). Aqui, localiza o personagem (específico) e só depois passa à abrangência do ambiente: "um sarau íntimo, pouca gente, vinte pessoas ao todo, que tinham ido jantar com a viúva Camargo, Rua do Areal".

As ações começam a se desenrolar em 1875, e a marcação precisa das datas ao longo da história se opõe às parcas referências de "Cantiga de esponsais". O narrador logo informa que Pestana era o compositor "da moda". Diversamente do sucedido com Romão, não se trata agora de um conflito entre esterilidade e criação, mas de um embate que sucede *no interior* da criatividade: questão de *nível,* não de *natureza;* Romão não podia; Pestana pode, mas pouco (segundo sua ambição). Confinado à "polca da moda", seu drama girará em torno da oposição entre o efêmero, que despreza, e o eterno, que não atinge. E sua maneira de repudiar o transitório é a insatisfação que experimenta frente ao próprio sucesso: "desesperado, corria a meter-se em casa".

Como em "Cantiga de esponsais", o isolamento e a convivência limitada a um velho escravo são sintomas de falta de sintonia para com o espetáculo do mundo, mas em "Um homem célebre" o narrador não emprega a técnica da subtração para designar o vazio. Fala da presença de "uns dez retratos" a povoar o espaço doméstico de Pestana. "Um só era a óleo, o de um padre [...]". "Os demais retratos eram de compositores clássicos [...]." Ressalte-se que a sala de retratos reenvia intransitivamente à arte musical, sem romper a barreira vida/arte em que Romão também esbarrara. As metáforas que sacralizam a "grande arte" ("O piano era o altar; o evangelho da noite lá estava aberto: era uma sonata de Beethoven") apenas acentuam a ruptura com o universo cotidiano; e, numa irônica antítese, serão do inferno as imagens que caracterizarão, segundo Pestana, a "pequena arte" de que ele era capaz: "— As polcas que vão para o inferno fazer dançar o diabo [...]."

Analogamente a Romão, o protagonista de "Um homem célebre" pautará sua busca sob o influxo de estímulos formais: "Pestana pouco mais fez que estar à janela e olhar para as estrelas, entrar e olhar para os retratos." As estrelas retomam o tópico da inspiração como algo vinculado às alturas (cf. a alegoria do pássaro engaiolado em "Cantiga de esponsais"). A mitificação ostensiva dos retratos de compositores igualmente se alinha na vertente da valoração da arte em detrimento da vida. E, apesar de ser musical o universo de Romão e Pestana, será o elemento *visual* o dinamizador (fracassado, embora) da potencialidade de ambos: num, estrelas e retratos; noutro, o enlevo dos recém-casados.

Enquanto Pestana debate-se com a arte, sinhazinha Mota investe na afetividade: "a essa mesma hora, adormecia pensando nele". Clara oposição entre dois registros: o do sentimento, em expansão, e o artístico, à míngua. Tais registros também comparecem no primeiro conto, através da cena em que Romão contempla os jovens. Mas o circuito de influência do espaço afetivo e do criador é diametralmente inverso nas duas narrativas: na primeira, é o casal que estimula Romão; na segunda, é o músico que sensibiliza a mulher.

O sonho da glória eterna (presente em "Cantiga de esponsais") está no centro das preocupações de Pestana: "Por que não faria ele uma só que fosse daquelas páginas imortais?". A obstá-lo, o predomínio absoluto da memória sobre a imaginação:

Se acaso uma ideia aparecia, definida e bela, era eco apenas de alguma peça alheia, que a memória repetia, e que ele supunha inventar.

O primeiro grande corte temporal se efetua quando o narrador rememora os primórdios da carreira do compositor. Nessa rememoração, retoma um tema do conto anterior: o da concessão. Pestana pretendia intitular "Pingos de sol" sua primeira obra, mas se curvou às imposições comerciais do editor, que lhe contrapôs "A lei de 28 de setembro" ou "Candongas não fazem festa", golpeando qualquer pretensão de "poesia" e subtraindo ao criador até mesmo a satisfação de nomear a obra criada. A essa concessão aos outros acrescente-se a autoconcessão, já que sentia "náuseas de si mesmo" por permanecer escravo do ritmo da moda, quando só a criação "eterna" lhe resgataria a existência. E, além de tudo, compondo de modo quase automático (as polcas "irrompiam tão prontas"), colocava-se em relação *passiva* diante do próprio trabalho.

Aparentemente, o único desvio do tema da arte ocorre com o casamento, mas este será inserido e canalizado na direção de um *aproveitamento* musical, como veremos a seguir, e como já vimos no outro conto. Aliás, atente-se para o fato de que, nas duas narrativas, as esposas só estão referidas em função da música, não sendo, em "Cantiga de esponsais", sequer nomeada. Tal caráter etéreo, tal utilização da esposa no papel coadjuvante de estímulo à criação, isenta de corpo e autonomia, é nitidamente expresso no pensamento de Pestana: "Recebeu-a como a esposa espiritual de seu gênio."

O matrimônio, a exemplo do conto anterior, funciona assim como expectativa de superação do impasse criador. É curioso lembrar que situação semelhante volta a apresentar-se no conto "Um erradio", e que nos três textos, contrariamente às aspirações dos respectivos protagonistas, o casamento seria antes sinônimo de esterilidade... De qualquer maneira, a mística da disciplina que o enlace pressupõe é um bom pretexto para acalentar as ilusões dos que, como Pestana, atribuem à falta de planejamento a ausência da veia criativa: "Agora sim, é que ia engendrar uma família de obras sérias, profundas, inspiradas e trabalhadas."

O protagonista é definido (em frase que também se aplicaria a Romão) como "eterna peteca entre a ambição e a vocação...": a ambição do *único*, do *pessoal*, do *inimitável*. Mas, ironicamente, o personagem só atinge a perfeição quando reproduz o alheio ("começou a executar a sonata [de Beethoven], sem saber de si, desvairado ou absorto, mas com grande perfeição"), da mesma forma que Romão regia admiravelmente a missa dos outros.

Com a morte da mulher, Pestana é acometido de novo surto de inspiração, mas nos mesmos limites a que nos referimos a propósito de "Cantiga de esponsais": o acontecimento, mesmo quando sinceramente vivido, passa a ter um peso menor do que o da vaidade artística de celebrá-lo. Condenado pelas polcas a ocupar "o primeiro lugar da aldeia", quando teria preferido o "centésimo em Roma" da música clássica, o compositor cumpre com fastio sua vocação. Igualmente a Romão, tem consciência do fim iminente ("é provável que eu morra por estes dias"), e menos eminente do que desejaria. Os dois contos se encerram com a morte dos protagonistas. E as palavras finais de "Um homem célebre" – "expirou [....] bem com os homens e mal consigo mesmo" – se inseririam também no universo de "Cantiga de esponsais". Num e noutro texto, falou-se do cumprimento de uma expectativa social, e do malogro de um desejo individual.

Academia Brasileira de Letras: os anos heroicos, os prêmios literários

Todos os anos a Academia comemora suas origens, através do ritual de resgate da cerimônia original, que assinalou a primeira sessão da Casa, com a elocução de Machado de Assis em 20 de julho de 1897, 116 anos e 4825 sessões depois, talvez valha a pena examinar o que ocorreu na segunda sessão acadêmica.

Segunda-feira, 26 de julho, rua do Passeio, no Centro do Rio. Após as galas da estreia, com a presença de dezesseis acadêmicos, apenas nove lá estavam, numa das salas do Pedagogium, para ouvir as palavras do presidente. E, em vez de discursar sobre temas transcendentais, Machado simplesmente informou que um anônimo doara 100 mil-réis para ajudar nas despesas de instalação da Academia. A seguir, José Veríssimo propôs que se criasse comissão para elaborar o plano de um *Dicionário bibliográfico brasileiro*.

Sabemos que até se fixar, há noventa anos, na gestão Afrânio Peixoto, neste Petit Trianon, a ABL não dispunha de sede própria. Podemos chamá-la, desde esses tempos heroicos, de "Casa de Machado de Assis" porque, na falta de domicílio, a casa acadêmica era qualquer lugar onde Machado estivesse, presidindo sessões às vezes na escassa companhia de cinco ou seis abnegados membros efetivos. Mas podemos chamá-la também de "Casa de Lúcio de Mendonça", "de Inglês de Sousa", de "Rodrigo Octavio", enfim, de todos os que, frente a quase intransponíveis percalços, e contra vaticínios pessimistas, apostaram na ideia e no ideal de um instituto que conferisse legitimação e dignidade aos homens de letras.

A partir da pesquisa do professor Claudio Cezar Henriques, investigando as atas do período Machado de Assis, vale dizer, as 86 sessões que se estenderam até a derradeira que presidiu, a 1 de agosto de 1908, avulta, de um lado, sua extrema fidelidade à Casa, patente no fato de ter estado presente em 84 desses 86 encontros. A Academia transitou do Pedagogium à redação da Revista Brasileira, daí ao Externato Ginásio Nacional (hoje Colégio Pedro II), ao Gabinete Português de Leitura, ao escritório de advocacia de Rodrigo Octavio, ao Silogeu Brasileiro. A esse compulsório nomadismo, decorrente da inexistência de espaço autônomo, soma-se o fato de que a ABL tampouco dispunha de tempo autônomo, ou seja, tinha de valer-se da desocupação provisória de um local, para ocasionalmente habitá-lo. Daí que as reuniões no Pedagogium, por exemplo, só se iniciassem às 20h, quando, nos demais lugares, e certamente para maior conveniência do grupo, as sessões regulares transcorriam às 15h ou às 16h. As salas não eram acadêmicas; estavam acadêmicas pelos curtos períodos de empréstimo às sessões. Isso talvez também explique a restrita e instável periodicidade dos encontros: até a morte de Machado, sucediam, em média, oito sessões num ano, montante que hoje se alcança em apenas dois meses de atividade. A relativa escassez dos encontros não impediu, no entanto, que muitos deles fossem candentes; era o que ocorria, por exemplo, toda vez que entrava em pauta a discussão sobre o projeto de reforma ortográfica, opondo, de um lado, Medeiros e Albuquerque, paladino da escrita fonética, e, de outro, Salvador de Mendonça, defensor do sistema etimológico. As alternativas eram expostas numa espécie de plebiscito linguístico, decidido pela votação em plenário. Assim, no dia 11 de julho de 1907, frente à proposta "Sempre que se encontrarem formas de grafia com "s" ou "ç", prefira-se o "s"; exemplo: "dansa" preferível a "dança", dezesseis acadêmicos disseram "sim", e somente quatro disseram "não" – o que não impediu que até hoje continuemos dançando com ç, o que talvez seja uma pena, pois desprezamos o caráter sinuoso da letra "s", uma letra coleante e dançarina em sua própria configuração gráfica.

Além da autolegitimação literária, a Academia, desde cedo preocupou-se em ser instância legitimadora da produção externa, através de concursos e de prêmios sob sua chancela – estabelecidos, é verdade, a partir de 1910, portanto, já em período pós-machadiano. E o foi logo em dose tripla, com a criação, naquele ano, dos Prêmios Municipal, Medeiros e Albuquerque e Gazeta de Notícias. Pode soar estranho que Medeiros, acadêmico à época vivo, fosse patrono de premiação, em detrimento dos outros trinta e nove colegas, mas o mistério se esclarece quando sabemos que o concurso portava o título de sua fonte financiadora. Portanto, o "Municipal" não indicava a abrangência geográfica da disputa, mas simplesmente informava que o prêmio dispunha do patrocínio da empresa locatária de nosso belo teatro.

Ainda está por ser escrita a história dos concursos e prêmios da Academia, território frequentado – como tudo que é humano – por irrefreáveis ódios e paixões. A palavra "concurso" origina-se do latim *concursus*, significando "corrida em massa para um lugar, encontro ou reunião", e também "choque de tropas em batalha". Quem concorre "corre com" o outro; a questão é que às vezes esse lugar para onde se corre comporta apenas a exiguidade de um nome vitorioso. Como regra, a Academia não premia autores, premia obras. Láureas pessoais se davam, por exemplo, nos certames pitoresca e involuntariamente "monarquistas", que coroavam sucessivos "príncipes dos poetas"; os cinco escritores ungidos em tais pleitos provieram da ABL: Olavo Bilac, eleito em 1913, em consulta promovida pela revista *Fon-Fon*; pelo mesmo periódico sagrou-se, no ano de 1924, Alberto de Oliveira, sucedido, em 1938, por Olegário Mariano. Já na segunda metade do século XX, em 1955, o escolhido foi Guilherme de Almeida, através de uma enquete do *Correio da Manhã*. Em 1982, foi a vez de Cassiano Ricardo. É conhecido o episódio em que um taxista, ofuscado pela magnificência do fardão acadêmico, indagou a Aurélio Buarque de Holanda: "Sois rei?". Se o episódio houvesse ocorrido com Cassiano, ele poderia modestamente retrucar: "Não, sou apenas o príncipe".

No âmbito da Academia, relembremos duas famosas premiações. Guimarães Rosa foi vencedor, em 1936, com um conjunto de poemas, *Magma*, que, ele, cautelosamente, preferiu conservar inédito, apesar dos entusiasmados elogios do relator do concurso, Guilherme de Almeida: "Não seja a ninguém conferido o 2º prêmio, tão distanciados estão do primeiro os demais concorrentes". No discurso de agradecimento, Rosa já fazia restrições à obra, dizendo ser este livro uma criatura "com quem talvez eu já não esteja muito de acordo, mas a quem vossa consagração [da Academia] me força a respeitar". Numa cerrada autocrítica, ele fazia calar o Guimarães-poesia, que logo abriria passagem para o Guimarães-pRosa.

Se esse livro, pelo ineditismo preservado até trinta anos após a morte do autor, não pôde surtir efeito imediato, algo bem diverso aconteceu com a premiação, em 1938, de *Viagem*, de Cecília Meireles. Intensa polêmica, repercutindo na grande imprensa carioca, cercou o processo de escolha. O relator, e grande defensor da obra, foi o poeta Cassiano Ricardo, que, através da alta criação de Cecília, contemplava no mesmo passo a autoria feminina e a poesia moderna, ainda encarada com reservas no Petit Trianon, apesar de alguns modernistas já integrarem o quadro da Casa. O obstinado opositor de Cecília foi o ginecologista e acadêmico Fernando Magalhães, adepto da concessão do prêmio ao livro *Pororoca*, de Wladimir Emanuel, de cujas águas poéticas o relator Cassiano Ricardo pescou e reproduziu um verso: "milho, algodão, mandioca, tabaco, feijão". As razões da animosidade de Magalhães nunca foram de todo esclarecidas, mas é provável que a ele tenha incomodado a desassombrada conduta de Cecília Meireles nos artigos que vinha publicando em defesa de uma educação pública laica, baseada no ideário da "Escola Nova" propugnado por Fernando de Azevedo. Além de desqualificar a *Pororoca* e outros competidores, Cassiano não poupou sequer a figura do proponente, desferindo dardos envenenados na direção do confrade. Ao cabo da discussão, seu parecer foi aprovado com apenas dois votos contrários – o de Fernando Magalhães e o de Alceu Amoroso Lima. A partir daí a carreira literária de Cecília viajou rumo à consagração. Ela mesma passou a considerar este livro seu efetivo "marco zero", renegando a vasta produção que o antecedeu.

Poucos anos depois, em 1941, a ABL instituiu o Prêmio Machado de Assis, para conjunto de obra, atribuído em 2013, com todo mérito, a Silviano Santiago, a quem saúdo neste momento, bem como aos demais contemplados: Antonio Cicero, Caetano Galindo, David França Mendes, José Rogério Fontenele Bessa, Lucia Bettencourt, Luiz Raul Machado, Lya Luft, Pedro Meira Monteiro e Sidney Chaloub – autores que honram a tradição de exigência e excelência desta Casa.

Mas retornemos ao dia 26 de agosto de 1897, quando havíamos deixado Machado de Assis às voltas com a segunda sessão da ABL. O desamparo pecuniário da Academia, parcialmente suprido com a providencial doação, feita por um mecenas, de 100 mil-réis, revelava as agruras do momento, e seria tema retomado em sessões vindouras, como a de 30 de junho de 1900, em que Machado solicitou a cada acadêmico uma pequena contribuição de 10 réis, à guisa de rateio das despesas de impressão dos convites e do aluguel de cadeiras, para uma iminente cerimônia de posse. Mas, se existia a precariedade do presente, havia também a fome do futuro, na esperança de que a agremiação sobrevivesse a ponto de desenvolver projetos de longo prazo, como o do *Dicionário bibliográfico brasileiro*. Pesquisa que, por sinal, trataria de resgatar o peso do passado, ao incidir, preferencialmente, na vida e obra dos patronos de cada uma das cadeiras, para que as produções de tais antecessores conferissem um lastro de historicidade à nova instituição. Como observei em outra ocasião, os fundadores desfrutaram da rara possibilidade, num viés borgiano, de gerar quem lhes antecedeu, ao escolherem seus patronos. Estes forneceram séculos de passado a uma Academia com semanas de vida.

Poucos foram os registros de intervenções mais longas efetuadas por Machado de Assis no exercício da presidência. Passemos agora à fala machadiana no encerramento, em 7 de dezembro, do ano acadêmico de 1897. Nela, o escritor referiu-se ao caráter de "torre de marfim" da instituição, e, prudente, acrescentou: "Homens daqui podem escrever páginas de História, mas a História faz-se lá fora". Declaração à época perfeitamente justa e compreensível, considerando-se o indivíduo conciliador que foi Machado, e seu desejo de promover o convívio pacífico e civilizado num ambiente político cindido entre simpatizantes monarquistas e republicanos que coexistiam na Casa.

Arriscado, porém, especular como agiria Machado de Assis nos dias de hoje, em que as torres do marfim excludente ou exclusivo cederam passo às torres inclusivas do universo eletrônico e digital. Preservar a memória não é protegê-la numa redoma sob a tutela de poucos, mas expandi-la como um bem comum. E hoje a História faz-se em qualquer lugar – até mesmo nas páginas dos livros e dos jornais. De algum modo, vivemos num tempo em que confluem escrever e fazer a História. Ousaria dizer que – sem jamais renunciar à exigência qualitativa e aos imperativos éticos – é nessa direção, atenta às urgências e premências do tempo presente, que a Academia do século XXI tende a caminhar, abrindo-se para a possibilidade de que, cada vez mais, discursos diversificados nela encontrem eco e guarida.

Sim, sua missão é a de guardar a memória, mas isso não implica a recusa do contemporâneo. Ela torna-se guardiã no sentido que lhe atribui o poeta Antonio Cicero: "Guardar uma coisa não é escondê-la ou trancá-la./ Em cofre não se guarda coisa alguma./ Em cofre perde-se a coisa à vista".

Por fim, cito a frase em que Machado de Assis sintetizou o que lhe parecia ser a mais alta vocação de uma Academia: "trabalhar pela extensão das ideias humanas". O primado da inteligência e a força das ideias tem o dom de abrir portas onde antes existiam somente paredes.

& Mais

Língua portuguesa: uma travessia

Nossa viagem tem início no século XVI, na estrofe 33 do canto I de *Os Lusíadas*, de Camões, publicado em 1572. Já naquele longínquo tempo, os deuses do Olimpo se dividiam por questões linguísticas. Havia a hostilidade de Baco contra os portugueses, contra a empreitada de Vasco da Gama, de atingir o Oriente, e havia o apoio de Vênus aos lusitanos.

Em meio ao conflito, Vênus resolve se dirigir a Júpiter para interceder a favor dos lusos, com a seguinte argumentação:

> Sou afeiçoada à gente lusitana
> Por quantas qualidades via nela
> Nos fortes corações, na grande estrela
> E na língua, na qual, quando imagina
> Com pouca corrupção, crê que é a latina.

Vênus se encantou com os portugueses acreditando que a língua que eles falavam, "Com pouca corrupção", era a latina. Assim, o português era o latim algo corrompido, certo, pelo tempo e pelo uso, mas conservava o timbre de uma origem nobre.

Cumpre assinalar, nesse juízo de Camões, o preconceito de que a evolução implica degenerescência e que a verdadeira nobreza está na origem. Temos, então, a confluência de uma constatação, que seria meramente linguística, ou seja, que determinada língua se origina em determinado ponto, com o elemento ideológico, pressupondo que o mais antigo é necessariamente melhor por ser antigo, o que veio antes é sempre mais nobre. Então louve-se o português, porque, mesmo algo degenerado, seria ainda uma modalidade tardia do latim.

O mesmo raciocínio poderia ser transposto para o português do Brasil: aceito com algumas ressalvas, porque nunca deixaria de ser uma "degeneração" do "legítimo" português, o de Portugal.

Esse juízo, do ponto de vista conservador, proclama que há uma degenerescência em toda mudança, como se houvesse uma essência única, imutável, num primeiro momento, idealmente o mais puro da língua.

A origem deixa de ser um fator meramente cronológico para ser também um vetor de valorização ideológica, na pressuposição de uma superioridade. Não nos esqueçamos de que no velho dicionário de Moraes Silva a palavra "corrupção" tem a seguinte definição: "Alteração do que é reto e bom em mau e degenerado".

Os elementos ideológicos e os linguísticos iriam conviver de maneira muito ambígua. Podemos, sem grande dificuldade, imaginar que talvez o momento mais antagônico, mais crispado, no âmbito dessas relações linguísticas e políticas entre Brasil e Portugal tenha ocorrido exatamente na época da Independência do Brasil. E, no ano em que se comemora o bicentenário do grande evento, é interessante examinarmos o que então ocorreu, na perspectiva da língua portuguesa.

Naquela época houve uma separação política, contraposta à persistência do idioma comum. De um lado, a manutenção não questionada da língua portuguesa; de outro, relação de desafeto a seus "usuários originais", nossos colonizadores. Como, então, conciliar o amor pela língua ao desejo de recalcar essa origem, no que ela implicava de predomínio cultural e político de Portugal, metrópole, sobre o Brasil, colônia?

Em um ensaio, desenvolvi a proposta de que, apesar de o grito de dom Pedro às margens do Ipiranga ser considerado o símbolo de nossa libertação política, podemos, do ponto de vista linguístico e cultural, afirmar que o nosso grito ainda era "Dependência ou morte". Ou continuávamos assumidamente herdeiros da língua portuguesa, ou inexistiríamos como nação, mesmo considerando a veleidade do major Policarpo Quaresma, personagem nacionalista do escritor Lima Barreto, de que adotássemos o tupi-guarani como língua oficial.

Examinando os autores do período, notamos uma espécie de divisão estranha, porque, a cada momento em que se queria afirmar a individualidade do Brasil como nação, como cultura, como povo e como país, desejava-se, mesmo disfarçadamente, obter a chancela do português de Portugal como legitimador da literatura brasileira.

Em livros de poetas tidos como genuínos representantes do lirismo brasileiro, como Casimiro de Abreu, constata-se que os prefácios têm autoria de Pinheiro Chagas ou de outros escritores portugueses, como se essa bênção proferida pelo "pai" ainda fosse necessária, e o Brasil tivesse receio de se assumir como modalidade própria no exercício da língua literária de origem portuguesa.

Um exemplo que revela, paralelo à independência política, o desejo da dependência linguística, pode ser lido em um trecho dos debates sobre a Constituinte de 1823, do Brasil. Poderíamos conjecturar que a Carta Magna, convocada no calor da hora da libertação brasileira do domínio português, fosse a mais lusófoba possível, e quisesse configurar o Brasil de maneira absolutamente autônoma. Eis que um renomado parlamentar, José da Silva Lisboa, especulando sobre o local onde se instalaria a Universidade do Brasil, resolveu indicar o Rio de Janeiro. O curioso é que ele defendeu a cidade não por meio de argumentos geográficos ou políticos, afinal tratava-se da capital do Império, mas por motivo linguístico. Eis um trecho da argumentação de José da Silva Lisboa:

> Uma razão mui poderosa para a preferência da Universidade nesta corte, o Rio de Janeiro, é para que se conserve a pureza e a pronúncia da língua portuguesa. Nas províncias, há dialetos com seus particulares defeitos. É reconhecido que o dialeto de São Paulo é o mais notável. A mocidade do Brasil fazendo ali seus estudos contrairia pronúncia mui desagradável.

Podemos, a partir desse juízo, supor que o português do Rio de Janeiro fosse foneticamente bem mais próximo ao português de Portugal do que as variantes que já circulavam em outras províncias. Na primeira geração romântica, o poeta Gonçalves Dias foi acusado, não sem alguma razão, de ser excessivamente lusófilo. No entanto, numa carta ao dr. Pedro Nunes Leal, emite observações agudas e pertinentes:

> Bom ou mau grado, a língua tupi lançou profundíssimas raízes no português que falamos e nós não podemos, nem devemos, atirá-las para um canto a pretexto de que parecem bárbaras.

Contra isso [quer dizer, contra a não incorporação de um léxico nativo, tupi] protestaria a nossa flora, a nossa zoologia e a nossa topografia. Clássico ou não clássico, Pernambuco é Pernambuco, cajá, paca e outros semelhantes não têm outro nome. Se isso desagrada a Portugal é grande pena, mas não tem remédio. Acontece também que, em distâncias tão consideráveis como são as do Brasil, a vida muda. Os homens que adotam essa ou aquela maneira de viver formaram uma linguagem própria sua, expressiva e variada: os vaqueiros, os mineiros, os pescadores e os homens da navegação fluvial estão nesse caso. Pois o romance brasileiro não há de poder desenhar nenhum desses tipos porque lhes faltam os termos próprios do português clássico? Pelo contrário, escrevam tudo que tudo é bom. E quando vier outro Morais [outro dicionarista] tudo isso ficará clássico.

Defende, assim, o clássico não como herança congelada, mas em uma visão prospectiva. A linguagem popular criaria palavras que se tornariam clássicas e seriam adotadas pelos futuros lexicólogos. Prossegue:

> Em resumo, a minha opinião é que, ainda sem o querer, havemos de modificar altamente o português. Uma só coisa fica: a gramática e o gênio da língua. Devemos admitir tudo o que precisamos para exprimir coisas ou novas ou exclusivamente nossas. Enfim, o que é brasileiro é brasileiro, e cuia virá a ser tão clássico como porcelana, ainda que não a achem tão bonita.

Portanto, trata-se de uma defesa vigorosa das variantes lexicais de nossa língua, o português do Brasil. O grande defensor do abrasileiramento da modalidade portuguesa nesse período do romantismo foi, sem dúvida, José de Alencar, em numerosos artigos e polêmicas. Destacarei alguns trechos extraídos de manifestos, cartas e provocações de Alencar, todos eles testemunhas da paixão pela língua na modalidade brasileira. No pós-escrito ao romance *Diva*, escreveu:

> O autor deste volume sente a necessidade de confessar um pecado seu: gosta do progresso em tudo, até mesmo na língua que fala. Entende que sendo a língua instrumento de espírito, não pode ficar estacionária quando este se desenvolve.

Depois, integrando uma série importante de artigos intitulada "Questão filológica", de 1874, observou:

> Meu verdadeiro inimigo é a literatura portuguesa, que, tomada de um zelo excessivo, pretende, por todos os meios, impor-se a nós. Grande parte dos escritores deste Brasil sacrifica um sentimento nacional por alguns puídos elogios da imprensa transatlântica. Introduzida na língua, uma palavra torna-se nacional como qualquer outra e sujeita-se a todas as modalidades do idioma que a adotou.

Aqui ocorre uma defesa, também vigorosa, dos estrangeirismos. Então, que venham os galicismos, caso supram uma necessidade expressiva da língua. A rigor, do ponto de vista do português, um tupinismo também é um estrangeirismo, termo proveniente de outra língua – apenas, em teoria, contaria com mais complacência, considerando-se que o tupi era falado em terras do Brasil antes do português. Prosseguiu Alencar:

O escritor verdadeiramente nacional acha na civilização de sua pátria e na história, já criada pelo povo, os elementos não só da ideia, como da linguagem em que a deve exprimir.

Adiante, uma observação bastante atual:

Quando tivermos para nossos livros a circulação que dá os Estados Unidos aos seus, nenhum escritor brasileiro se preocupará mais com a opinião que dele formarão em Portugal. Ao contrário, serão os escritores portugueses que se afeiçoarão ao nosso estilo para serem entendidos pelo povo brasileiro e terem esse mercado em que se derramam.

Já estava Alencar pensando no mercado profissional do escritor. Evidentemente, dispondo o Brasil de uma comunidade lusófona mais numerosa, deveria atrair a atenção do escritor português. De certa maneira, esse vaticínio se realizaria décadas depois, quando Jorge Amado e os romancistas nordestinos de 1930 exerceram grande influência sobre o neorrealismo português: foi o primeiro fluxo de mão invertida, com a força do português do Brasil, da sua temática, da sua linguagem coloquial, sendo aceita e adaptada por vários escritores portugueses das décadas de 1930, 1940 e 1950. Ainda em Alencar, em carta ao sr. Joaquim Serra, outra observação de relevo:

Não é somente no vocabulário, mas também na sintaxe da língua, que nosso povo exerce seu direito de imprimir o cunho da nacionalidade, abrasileirando o instrumento das ideias.

Note-se que até agora, em quase totalidade, falou-se de léxico, de vocabulário: "cuia" entraria ou não na língua portuguesa? Determinada palavra nos teria chegado direto do latim ou havia feito uma escala na França? Na carta ao sr. Joaquim Serra, Alencar expressou que não é somente o vocabulário que define uma especificidade linguística, convém não esquecer a construção frasal.

A sintaxe de um país não seria igual à do outro, até porque há certas peculiaridades fonéticas como, em Portugal, o enfraquecimento ou quase supressão de fonemas vocálicos átonos, que, por exemplo, afetam sintaticamente a colocação dos pronomes oblíquos, induzindo-os à ênclise. Essa flexibilidade sintática brasileira, que, no caso, pode valer-se tanto da ênclise quanto da próclise, seria praticada, mesmo que de maneira involuntária, pela terceira geração de nossos poetas românticos. Creio que ainda não foi efetuado um grande estudo sobre a sintaxe desses escritores. Surgem poemas com pronomes oblíquos em início de frase. O mais consagrado nome adepto dessa maleabilidade sintática foi Álvares de Azevedo.

Quando estudamos os poetas menores da terceira geração romântica, por volta da década de 1860, constatamos um fato sintomático: o surgimento de escritores brasileiros nas epígrafes de poemas. Até então, persistia o pressuposto de que a nobreza é algo antigo, de preferência oriunda de outras língua e lugar, e a epígrafe é um pórtico, de legitimação à sombra da qual o texto se abriga. Nos primórdios do romantismo, autores do Brasil produziam sob as bênçãos de epígrafes de Camões, Garret, Shakespeare, Herculano. Subitamente, passam a surgir, nos pórticos de poemas brasileiros, os versos de um "patrono" local: Álvares de Azevedo.

Assim, começou a desenvolver-se o orgulho de uma incipiente linhagem brasileira, quando a epígrafe passou a ser ocupada por autores nacionais, em convivência com as celebridades literárias estrangeiras. A partir de Álvares de Azevedo, já podíamos chorar lágrimas brasileiras, sem pedir licença aos prantos dos poemas de Lamartine, de Byron ou de Musset.

No transcurso do tempo, houve movimento linguístico bipolar: ora de afastamento, ora de reaproximação frente ao padrão de Portugal. O romantismo, como projeto ideológico, apesar das demandas de legitimação a escritores portugueses, representou um período de afastamento, haja vista as cartas de Alencar, a de Gonçalves Dias, a questão da flexibilidade sintática e a incorporação vocabular de origem indígena.

Mas, pouco depois, iria ocorrer uma virada, em fins do século XIX, no sentido de reclassicizar o idioma, à época do parnasianismo na poesia e do realismo na prosa. Aparentemente, já esfriado o calor da hora, no ardor da independência, pouco a pouco o português do Brasil buscou "regredir" para as formas linguísticas da matriz... e surgiram gramáticos novamente a exaltar o "bom português" de Portugal como o modelo a ser copiado.

O grande romancista aclamado e querido no Brasil chamava-se Eça de Queirós. A lusofilia fez-se acompanhar da "lusografia": amigos da literatura portuguesa, deveríamos escrever como os lusitanos.

Não por acaso, o parnasiano Olavo Bilac, ao se debruçar sobre a história literária do país, só vai celebrar um poeta romântico: Gonçalves Dias, exatamente o escritor mais próximo do padrão gramatical português. Bilac silencia sobre todos os demais. Os parnasianos diziam, com ou sem razão

— às vezes mais sem razão do que com —, que o verso romântico era frouxo. O que é um verso frouxo? É aquele cheio de hiatos, sem a tendência à compressão ou à ditongação, marca de Portugal seguida à risca pelos parnasianos do Brasil.

Nesse tempo, podemos encontrar poetas que radicalizaram a experiência pró-Portugal. Cito o cearense José Albano, que, em 1912, escreveu uma "Ode à língua portuguesa", uma "Canção a Camões". Ele queria ir (ou voltar) mais longe, almejava restaurar o português quinhentista. Foi autor de belos poemas, pena que escritos quatrocentos anos depois do momento mais apropriado. Eis um fragmento de "Ode à língua portuguesa":

> Língua do grão Camões
> A que ele ensina a sinfonia rara
> Que em tudo se compara
> Com a latina.

Eis, novamente, a comparação com o latim, que José Albano restaurou, em homenagem ao português quinhentista! O próprio Manuel Bandeira, em 1917, na sua estreia, com *Cinza das horas*, compôs um soneto dedicado a Camões, em que falava da "língua em que cantaste rudemente./ As armas e os barões assinalados".

Enquanto as comemorações do bicentenário da independência nos remetem ao passado, o centenário da Semana de Arte Moderna, evento ocorrido em São Paulo, nos devolve ao presente. No modernismo, a polaridade se inverteu e salientou-se, de novo, a desconstrução da matriz portuguesa. Praticamente passou-se da lusofilia parnasiana/realista para uma espécie de lusofobia modernista, na estratégia de se estabelecer o marco zero de uma nova linguagem. Mário de Andrade, inclusive, chegou a cogitar da criação de uma "gramatiquinha da fala brasileira".

Oswald de Andrade, na abertura do seu livro *Pau-Brasil*, de 1924, iria pregar a "língua sem arcaísmos, sem erudição, natural e neológica. A contribuição milionária de todos os erros". Elogiou o erro como via de enriquecimento da língua. Quando falou de "natural e neológica", queria desvalorizar o que fosse da ordem da tradição e origem.

Por fim, efetuando um grande salto cronológico, deparamos com a letra-manifesto de Caetano Veloso, intitulada "Língua" (1984), que aponta novos rumos, superando antigas polaridades. Na pós-modernidade, talvez a antiga querela Portugal *versus* Brasil, quem é o "dono" do idioma, já esteja superada. Tanto que o texto se intitula apenas "Língua", sem adjetivo, sem determinar se é de lá, se é de cá, talvez uma língua transoceânica, em que caibam todas as manifestações. Alguns trechos:

> Gosto de sentir a minha língua roçar a língua de Luís de Camões
> Gosto de ser e de estar
> E quero me dedicar a criar confusões de prosódia
> E uma profusão de paródias
> [...]
> Flor do Lácio Sambódromo Lusamérica latim em pó
> O que quer
> O que pode esta língua?
>
> Vamos atentar para a sintaxe dos paulistas
> E para o falso inglês relax dos surfistas
> [...]

Adoro nomes
Nomes em ã
De coisas como rã e ímã
[...]
A língua é minha pátria
E eu não tenho pátria, tenho mátria
E quero frátria

Ímã é o que atrai, o que une. Caetano lança a proposta de uma língua que liquidifica hierarquias. Pulveriza o latim, "latim em pó", para criar, talvez, um novo sumo (uma súmula?) de linguagem, que congrega portugueses, brasileiros, angolanos, moçambicanos, caboverdianos; congrega Maputo, Bissau, São Tomé, Saramago e Jorge Amado, paulistas e surfistas, fado, samba e composições de matriz crioula com a mesma intensidade.

Neste "hoje", neste ponto em que se encontra a longa jornada da língua portuguesa, tão bem detectado por Caetano, os antigos deuses dos Lusíadas talvez não se preocupassem mais em debater questões de primazia linguística. Mesmo porque Vênus alterou seu traje: enriqueceu a túnica com adereços africanos, brasileiros, asiáticos. Não cabe mais assim falar de língua pátria, de "pater", pai, autoridade. Propõe-se, ao contrário, uma língua mátria, de *mater*, de acolhimento. Que também se desdobra em uma língua frátria, língua múltipla; herança e tesouro nossos, fraternos, irmãos, semelhantes, no respeito às nossas diferenças.

Noite na taverna:
a transgressão romântica

Noite na taverna[1] é texto que ocupa uma posição modesta na fortuna crítica de Álvares de Azevedo. Percorrendo as mais recentes histórias da literatura brasileira, constatamos em todas o mesmo procedimento: análise mais ou menos substancial e elogiosa da *Lira dos vinte anos*; nada, ou quase, quanto à obra de que nos ocuparemos. Assim, Eugênio Gomes[2] não a analisa; Antônio Soares Amora[3] lhe faz sumária referência, considerando-a "exótica matéria" em nossas letras; José Guilherme Merquior[4] a cita *en passant* e Wilson Martins[5] endossa

---

1 AZEVEDO, Álvares de. *Noite na taverna*, em: *Obras completas*. São Paulo: Editora Nacional, 1942, v.II, p.87-164.
2 GOMES, Eugênio. Álvares de Azevedo, em: COUTINHO, Afrânio (Org). *A literatura no Brasil*. 2.ed. Rio de Janeiro: Sul-Americana, 1969. v.II, p.131-43.
3 AMORA, Antônio Soares. *O romantismo*. 5.ed. São Paulo: Cultrix, 1977, p.160.
4 MERQUIOR, José Guilherme. *De Anchieta a Euclides*. Rio de Janeiro: José Olympio, 1977, p.75.
5 MARTINS, Wilson. *História da inteligência brasileira*. 2.ed. São Paulo: Cultrix, 1978, v.II, p.493-4.

o juízo de Joaquim Norberto, para quem *Noite na taverna* é um grande fracasso.

À época em que foi lançado, porém, o livro obteve grande repercussão, gerando uma série de ecos e imitações que se prolongaram por toda a segunda metade do século XIX. Sob a influência azevediana, Homero Pires[6] arrola, no estudo introdutório a *Noite na taverna*, os seguintes títulos, entre outros: *Uma noite no cemitério*, de Barros Jr.; *Ruínas da Glória, Ester e Inak*, de Fagundes Varela; *Trindade maldita*, de Franklin Távora. E como fonte inspiradora de Álvares, além das inevitáveis referências a Byron e Musset, cumpre citar o espanhol José Cadalso, cujos contos de *Noches lúgubres*, segundo afirma Brito Broca,[7] teriam influenciado vivamente o texto do romântico brasileiro.

Neste estudo nos interessará, de modo particular, o tema da *transgressão*, aqui entendida, principalmente, sob o ângulo específico da *fascinação pelo mal* vivenciada pelo artista romântico. Procuraremos destacar a importância do satanismo, que povoa o livro e o insere numa atmosfera de nítidos matizes sadomasoquistas, a partir do jogo entre o *desejo* e a *posse*. Abordaremos também a linhagem do fantástico (presente na primeira história) e proporemos, no final, um modelo que abarque os elementos invariantes de todas as histórias, o núcleo que subjaz em sua sintaxe narrativa.

O primeiro capítulo de *Noite na taverna* se abre diretamente com o diálogo dos protagonistas; haverá, ao longo do texto, uma discretíssima participação do narrador onisciente, cuja

---

6 PIRES, Homero. Nota, em: AZEVEDO, Álvares de. Op. cit., p.87-8.
7 BROCA, Brito. *Românticos, pré-românticos, ultrarromânticos*. São Paulo: Polis, 1979, p.215.

principal e quase única função (até o capítulo VII) será a de pontuar a ação e fazer o discurso transitar de um a outro personagem, ao modo dramático. Apenas no final da obra o narrador assumirá o comando discursivo de sua narração.

A *taverna* se caracteriza por ser o espaço físico da *enunciação*, e assim permanecerá nos seis primeiros capítulos, ou seja: não é funcionalizada em termos de *história*. Sua localização não é precisada; as coordenadas temporais também inexistem, diluídas na vagueza de "Uma noite no século", conforme o título do capítulo inicial. Quanto aos personagens, todos possuem nomes estrangeiros (de diversa proveniência), a simbolizar a universalização do homem "pervertido" pela existência. A taverna é, portanto, um ponto de convergência que irmana, pelos signos do mal e da morte, histórias e destinos apenas em aparência diversos, como veremos adiante.

Uma espécie de convergência existencial torna secundária a atribuição, deste ou daquele conceito filosófico a um ou outro personagem: trata-se de posicionamentos frente à vida (e são inúmeros, no capítulo I) partilhados por todos, e as discussões estabelecidas têm por fito saturar com o espaço cultural (da filosofia) o espaço físico da taverna. Dessa forma, delineia-se com clareza a concepção da vida como sinônimo dos "artifícios" da cultura e da especulação, sem os apelos ao código natural do primeiro romantismo brasileiro. A natureza, agora marcada negativamente, só é incorporada através de sua "tradução" para o sistema de signos da cultura ("a *lua* desmaia como a luz de uma *lâmpada*" – grifamos).

Se Álvares de Azevedo, poeta, injetou em sua obra uma forte dose de sensualidade, observemos que sua prosa reitera essa constante, mas, à maneira da poesia, o faz sob a égide da noite e do sonho, onde o desejo, frequentemente, só se realiza na posse imaginária: "Não vedes que as mulheres dormem ébrias, macilentas como defuntos? Não sentis que o sono da embriaguez pesa negro naquelas pálpebras...?".

O amor pressupõe assim um *desvio* da vigília, donde se infere que não pertence à ordem "normal" do universo azevediano (fortemente marcado, aliás, pela interdição do desejo). Por isso, para favorecer o desvio, se evoca com tanta constância a colaboração do álcool:

> Olá taverneira, não vês que as garrafas estão esgotadas? Não sabes, desgraçada, que os lábios da garrafa são como os da mulher: só valem beijos enquanto o fogo do vinho ou o fogo do amor os borrifa de lava?

Outro traço a singularizar o tema da *decadência* (física e moral) é o constante apelo a imagens do aniquilamento e da podridão: "o que era um corpo de mulher vai porventura transformar-se num cipreste ou numa nuvem de miasmas".

As discussões teóricas preponderam, centradas na dimensão universalizante dos conceitos. Interrompe essa atmosfera — numa antecipação do fluxo narrativo — a fala de Solfieri, que, embora ainda não dirigida à esfera da ação, revela *a priori* o *efeito* que produzirá – o medo: "Pois bem, dir-vos-ei uma história. Mas quanto a essa, podeis tremer a gosto, podeis suar a frio da fronte grossas bagas de terror."

Prepara-se, desse modo, um clima aterrorizante, concretizado a seguir no capítulo II ("Solfieri"). Qual o enredo narrado? Em Roma, Solfieri vê um vulto feminino, que logo desaparece. Acorda num cemitério. Volta à cidade um ano depois. Refazendo-se de uma orgia, dá consigo num templo, onde jazia o corpo da mulher que visionara. Tem relações com o "cadáver", que recupera os sentidos. Foge com a jovem, que, mais tarde, acometida de um delírio de loucura, morre. Ele a enterra em seu quarto e constrói uma estátua com a imagem da falecida.

O início da história já arma terreno para o advento do fantástico (solidão do protagonista, noite, cemitério), e o nível da enunciação lhe é solidário, na medida em que as metáforas incidem especularmente nos signos da morte: "apenas eu sentia nas faces caírem-me grossas lágrimas de água, *como sobre um túmulo prantos de órfão...*" (grifamos).

O espaço da manhã, que, com clareza e claridade, poderia diluir os espectros noturnos, ocupa apenas *uma linha* do relato ("quando amanheceu achei-me a sós no cemitério"), mesmo assim com a reiteração da topologia do horror (o cemitério).

Ao ter relações com o que supunha ser um cadáver, Solfieri incorre num dos tópicos "malditos" da transgressão romântica (e da transgressão *tout court*) – a necrofilia – consubstanciando o encontro de amor e morte, cujos pontos de contato foram exemplarmente enfatizados por Georges Bataille.[8] A retórica romântica cultiva o jogo dos extremos, julgando que somente as situações-limite dinamizam a existência. Daí a abundância de pares antinômicos, tais vida x morte, pecado x santidade. Compraz-se o romântico na unificação dos contrários: "O gozo foi fervoroso", o carnal e o místico convivendo no mesmo sintagma.

---

8 BATAILLE, Georges. *L'érotisme*. Paris: UGE, 1965, p.57.

O amor além de associar-se à morte, também é responsável pelo impulso da vida: o beijo de Solfieri tem a propriedade de "ressuscitar" o corpo inerte, em mais uma atualização do mito da "bela adormecida": "Àquele calor de meu peito, a febre de meus lábios à convulsão de meu amor, a donzela pálida parecia reanimar-se. Súbito abriu os olhos empanados."

Outros tópicos "malditos" se acumulam no transcurso da narrativa: a junção loucura/morte e o fetichismo. O primeiro, com o delírio da mulher; o segundo, com a adoração de uma estátua feita à sua imagem. Na observação de Todorov, todos esses temas seriam aproveitados pelo fantástico porque, com a chancela do sobrenatural, se liberaria o discurso do interdito. A necrofilia e o fetichismo são práticas proscritas da "ética comum" — tornam-se tabus. O fantástico[9] é um meio de o artista se esquivar de tal censura. Afinal, o mundo da transgressão será mais bem aceito se puder ser atribuído ao demônio...

Ressalte-se, ainda neste capítulo, mais um componente satânico — a inversão do clichê "por tudo o que há de mais sagrado"; "Pelo inferno que não! por meu pai que era conde e bandido, por minha mãe que era a bela Messalina das ruas, pela perdição que não!" E aqui já nos é lícito falar dos limites dessa e de outras "transgressões românticas" de Álvares de Azevedo:

---

9 A considerarmos as reflexões de Irène Bassière (*Le récit fantastique*: La poétique de l'incertain. Paris: Larousse, 1974), *Noite na taverna,* em seu conjunto, se filiaria antes à tradição do *gótico* do que à do *fantástico.* Diz a ensaísta, à p.113: "O personagem do vilão é, de fato, uma invenção do romance gótico, que tem por temas principais o *sofrimento* e a *tentação,* a *beleza* e o *horror* da sujeição ao mal do herói. O bem e o mal não definem um herói duplo, mas opõem a mulher ao homem, a inocência ao satanismo." (Traduzimos).

na verdade, baseiam-se num esquema bastante simplista e simétrico, que destrona o bem pelo mal; mas, mesmo deslocado, o universo anterior (o do conceito ideológico do "bem") é ainda o grande ponto de referência, o núcleo ausente, mas implícito e soberano, do enunciado transgressor. Como percebeu Georges Bataille,

> [...] a criação deliberada do Mal, quer dizer, a culpa, é aceitação e reconhecimento do Bem; lhe rende homenagem e, ao batizar-se a si mesma como má, confessa que é relativa e derivada, que sem o Bem não existiria.
>
> O Mal parece que pode ser captado, mas só na medida em que o Bem seja sua chave. Se a intensidade do Bem não desse o negror à noite do Mal, o Mal deixaria de ser atrativo. [10]

Mas retomemos ao texto azevediano. Nele, a *antítese* é a figura que sustenta a arquitetura de todas as histórias. Isso se torna ainda mais claro na terceira narrativa, "Bertram". O protagonista se apaixona por Ângela, mas é obrigado a viajar. Na volta, encontra-a casada, e tomam-se amantes. Ângela mata o marido e os filhos, foge com Bertram e termina abandonando-o. Mais tarde, o herói é acolhido num palácio: trai a confiança do proprietário ao fugir com sua filha, a quem perde numa aposta. Desesperada, a jovem mata o ganhador e se suicida. Bertram, tempos depois, tenta matar-se no mar, mas é recolhido por um navio. Trai o comandante que o salvara, tornando-se amante de sua esposa. Após um combate contra

---

10 BATAILLE, Georges. *La literatura y el mal*. 2.ed. Madrid: Taurus, 1971, p.56. (Traduzimos).

piratas, a embarcação soçobra. Perdidos no oceano, Bertram e a amante são levados à prática antropofágica com o corpo do comandante. A mulher enlouquece e morre.

O primeiro movimento no sentido da antítese patenteia-se na metamorfose de Ângela, que de virgem passa a adúltera: "Quando voltei Ângela estava casada e tinha um filho... Contudo meu amor não morreu! Nem o dela! Muito ardentes foram aquelas horas [...] Depois dessa noite seguiu-se outra, outra....".

É curioso observar que, dentre as "perversões", uma esteja aparentemente banida de *Noite na taverna*: o homossexualismo. Todavia, se não comparece de forma explícita, não deixa de se introduzir obliquamente. Ao fugir, Ângela traveste-se de homem; desse modo, sua união com Bertram acaba-se revestindo de matizes homossexuais:

> Ângela vestia-se de homem; era um formoso mancebo assim. No demais ela era como todos os moços libertinos [...] montava a cavalo como um Árabe, e atirava as armas como um Espanhol.

Encerrado esse episódio afetivo, o protagonista se vê atraído por outra virgem. A virgindade é valorizada exatamente por aguçar a *consciência do pecado*, por implicar uma ofensiva contra o mandamento ético que preserva a virgem para o ritual do matrimônio: "E o velho teve de chorar suas cãs manchadas na *desonra* de sua filha, sem poder vingar-se" (grifamos). A nova ligação — fracassada — termina pela solução romântica por excelência para os desenganos amorosos: a morte ("A moça envenenou Siegfried logo na primeira noite e afogou-se...").

Em toda a narrativa, episódios autônomos se conectam em torno ao tema da virgem. Na aventura seguinte, Bertram atribui à mulher do comandante o adjetivo "santa", e essa "elevação" já é índice suficiente para sabermos que ela se tornará alvo de sua luxúria: como nos dois casos anteriores, é a pureza que instiga o protagonista. Mas, também como nos casos precedentes, o ciclo da perda se inicia quase imediatamente após o da conquista: a paixão romântica talvez seja esse intervalo entre o desejo e a posse.

O narrador se vale de alguns recursos para retardar o clímax da transgressão, representado pela antropofagia; o mais frequente é a intromissão de um tipo de discurso que desvia o assunto para um nível de pretensão filosófica:

> O que é a existência? Na mocidade é o caleidoscópio das ilusões, vive-se então a seiva do futuro. Depois envelhecemos: quando chegamos aos trinta anos e o suor das agonias nos grisalhou os cabelos antes do tempo [...] oscilamos entre o passado visionário e este *amanhã* do velho.

Outro recurso é o surgimento de novo personagem, que irá travar diálogo "teórico" com Bertram. Conta com brevidade sua história, que serve de apoio às teorias. Mas a palavra volta ao protagonista, que desmente qualquer visão otimista da existência ("Tudo isso se apaga diante de dois fatos muito prosaicos – a fome e a sede"), e acaba por desvelar a prática efetiva da transgressão: "Isso tudo, senhores, para dizer-vos uma coisa muito simples... um fato velho e batido, uma prática do mar, uma lei do naufrágio – a antropofagia."

Um só espaço é resguardado da contaminação pelo mal, não apenas nessa história, mas em qualquer passo de *Noite na taverna* em que a ele se alude: o da arte. É encarado como instância sacralizada, única possibilidade de salvação efetiva ("de todo esse peregrinar, só trouxe duas lembranças – um amor de mulher [...] e uma agonia de poeta..."). Podemos interpretar essa posição como o *outro lado* do apego satânico à sensualidade. Uma vez que o desejo, em Álvares, é elemento corruptor, sua sublimação na arte preencheria função redentora: através dela, o indivíduo se pode esquivar ao império do jugo erótico sem renunciar à *produção*, canalizando para o objeto estético seu movimento pulsional.

Em "Gennaro", o protagonista era aprendiz de pintura. Possui a filha do Mestre Godofredo; a jovem aborta e morre. Apaixona-se por Nauza, esposa de Godofredo, e é correspondido. Como vingança, o mestre obriga-o a pular de um despenhadeiro. Salva-se milagrosamente e retoma a casa: lá encontra o professor e a mulher mortos, envenenados.

Observemos que o homem a ser atingido em sua honra é quase sempre caracterizado pela nobreza de caráter. Assim, na linha da degradação moral dos heróis, a retidão alheia atua no sentido de maximizar-lhes a infâmia das ações (cf. o procedimento de Bertram para com o proprietário do palácio e o comandante): "Godofredo Walsh era um desses velhos sublimes, em cujas cabeças as cãs semelham o diadema prateado do gênio."

A relação entre Gennaro e Nauza foge ao esquema de compulsão erótica pela virgindade que move as demais narrativas, mas tal desvio é apenas aparente. Diante da situação de fato, a virgindade é "recuperada" retoricamente pelas qualificações de "pura e divina" que o herói atribui à mulher. Dessa forma, ele se relaciona com Nauza atravessando a linguagem purificadora com que a investiu, de modo a santificar o amor para melhor acentuar a degradação subsequente. A violação da santidade é maneira de aumentar o risco e o prazer, pois, como afirma Bataille, "a transgressão da regra é a única coisa que possui a irresistível atração que falta à felicidade duradoura".[11]

O quinto episódio ("Claudius Hermann") é marcado por uma atenuação relativa da violência física e moral dos precedentes. Nele, o herói apaixona-se pela duquesa Eleonora, e acaba raptando-a, com a ajuda de narcóticos. Despertando, ela quer voltar ao marido, mas cede afinal aos rogos de Claudius. Um dia, ao chegar em casa, depara-se com um homem abraçado ao cadáver de Eleonora: era o duque; num acesso de loucura, ele a tinha assassinado.

É inegável que o texto está repleto de transgressões: o rapto, a droga, o adultério, o assassinato, a loucura. Mas a atenuação relativa de que falamos corresponde à simplificação do enredo em cotejo com o elevado número de peripécias das narrativas anteriores. Nelas, como quase sempre os protagonistas se envolviam com mais de uma mulher, a violência se multiplicava no mínimo por dois...

Outros traços distinguem Claudius Hermann dos demais heróis. É o único que exerce atividade artística, a poesia: chega mesmo a inserir um longo poema em meio à narrativa; é o único que parecia caminhar para uma estabilidade da relação amorosa, interrompida pela vingança do marido; e, sobretudo, é o único cuja conquista se pauta pela atuação do discurso (lírico), já que esse componente, e não a carnalidade, foi o fator decisivo na conquista da mulher amada. E, como ponto de contato com outro episódio ("Bertram"), a concepção (*et pour cause*) da arte como região da pureza e da redenção:

---

11 Ibid., p.175. (Traduzimos).

A poesia, eu to direi também por minha vez, é o voo das aves da manhã no banho morno das nuvens vermelhas da madrugada, é o cervo que se rola no orvalho da montanha relvosa, que se esquece da morte de amanhã, da agonia de ontem, em seu leito de flores!

Com uma ressalva: em Claudius, a poesia não se dissociou da prática cotidiana, não se constituiu num universo estanque a que ele recorreria nos momentos de impasse e que, em última análise, lhe proporia o dilema: literatura *ou* vida.

No sexto episódio ("Johann"), o herói se desentende com um desconhecido: duelam, e sai vencedor. O desconhecido, moribundo, lhe pede para levar um bilhete à amada. Aproveitando-se da escuridão, e do fato de que a jovem supunha estar com o namorado, Johann a possui. Na saída, é obstruído por um homem, a quem mata. Depois, descobre que acabara de assassinar o próprio irmão, e que tivera relações com a irmã.

A história retoma a linha pontilhada de incidentes que fora amainada em "Claudius Hermann". A condição marginal do herói se revela também em sua indefinição profissional: os personagens de Álvares de Azevedo são invariavelmente alijados do trabalho ou a ele avessos, consumindo-se num espaço noturno e entregues ao jogo, à bebida e aos amores. Tal alijamento lhes soa como irreversível, o que imprime a suas falas um tom de autopunição e masoquismo, como se lamentassem algo que lhes superasse a força consciente. Não há vanglória onde não houve opção.

Assinalemos, além de duas outras transgressões (o fratricídio e o incesto) cometidas, é certo, de forma involuntária, um dado curioso: a não-nomeação das prostitutas, que, em todo o livro (e não apenas em "Johann"), só merecem referências genéricas. A que atribuir tal desindividualização, já que elas participam ativamente desse universo de busca compulsiva do prazer? Cremos que a melhor resposta seria a de que a prostituição não mobiliza o imaginário dos protagonistas na medida em que as meretrizes oferecem antes um *paralelismo* do que uma *antítese* ao universo também "perdido" dos heróis. Partilham valores semelhantes, anômalos e de exclusão social, sem nem remotamente acenarem para o horizonte de superação da marginalidade. Frente aos narradores, surgem como parceiras ocasionais de um destino comum.

A derradeira história ("Último beijo de amor") é seguramente a mais atípica, do ponto de vista narrativo: nela, e apenas nela, a taverna deixa de ser um foco de enunciação para tornar- se o cenário de um enunciado. Com efeito, o narrador onisciente retoma o discurso ("A noite ia alta: a orgia findara. Os convivas dormiam repletos, nas trevas") e passa a relatar as ações que encerrarão esta "noite do século": uma mulher penetra na taverna e assassina Johann. Identifica-se a Arnold, dizendo ser a irmã do morto, e que cumpria sua vingança pelo incesto, que a condenara à prostituição. Arnold era o ex-namorado, que Johann supunha falecido no duelo. Ambos se suicidam.

Pela primeira vez, há o transporte de um personagem não narrador de uma a outra história: assim, a virgem de "Johann" reaparece, prostituta, no "Último beijo de amor", reforçando o que dissemos acerca do apego romântico ao contraste e à experiência dos extremos.

Ao longo deste trabalho, detivemo-nos em resumir o enredo de cada uma das narrativas no intuito de facilitar a compreensão do esquema que se segue. Nele, que servirá ainda de base a algumas conclusões, se encontram estabelecidas as grandes linhas e as invariantes do tecido narrativo.

A = narrador-personagem
B = mulher
C = oponente (marido, pai, irmão)

"Solfieri"
A deseja B
A possui B
B enlouquece
B morre

"Bertram"
A deseja B	A deseja B'	A deseja B"
A possui B	A possui B'	A possui B"
B mata C	B' mata C'	A mata C"
	B' mata B'	B" enlouquece
		B" morre

"Gennaro"
A deseja B	A deseja B'
A possui B	A possui B'
B morre	C mata B'
	C mata C

"Claudius Hermann"
A deseja B
A possui B
C enlouquece
C mata B

Papéis de prosa

"Johann"
A mata C[12]　　A deseja B
　　　　　　　A possui B

"Último beijo de amor"
B mata A
B mata B
C mata C

Analisando o esquema proposto para *Noite na taverna*, podemos destacar como aspectos mais salientes:
a) em nenhum momento o desejo deixa de conduzir à posse;
b) **C** é o elemento mais atingido: seis mortes em seis capítulos. É também o único que, quando mata, forçosamente morre (à exceção de "Claudius Hermann");
c) "Johann" apresenta um dado atípico: a morte se antecipa à aparição do desejo;
d) a loucura só não atinge **A** (e não por acaso, já que a ele cabe o narrar);
e) **A** morre apenas na última história. Com a morte de um narrador, o texto também se cala.
f) O eixo semântico do livro gira em torno de quatro termos: DESEJO-POSSE-LOUCURA-MORTE.

12　Na verdade, **C** não morre, mas esse fato, ignorado por **A**, só se revela na história seguinte.

Euclides por Dilermando

Trata-se, aparentemente, de exemplar sem maior valor: uma terceira edição, de 1905, de *Os sertões*, encadernada, com manchas d'água em boa parte do volume e anotações a lápis efetuadas à margem do texto pelo antigo proprietário. Da assinatura de posse resta apenas um vestígio: o encadernador aparou o livro no comprimento e na largura, com isso guilhotinando também boa parte dos comentários manuscritos.

A importância desse exemplar avulta extraordinariamente quando sabemos o nome de seu antigo proprietário: Dilermando de Assis – o homem que, em legítima defesa, matou Euclides da Cunha no dia 15 de agosto de 1909. A escritora Dirce de Assis Cavalcanti, filha mais nova de Dilermando, e autora da comovente narrativa autobiográfica *O pai*, generosamente me presenteou com o livro.

Dilermando construiu sólida carreira militar, chegando ao generalato. Publicou várias obras técnicas, mas seu livro mais famoso – que atinge elevada cotação nos sebos – é *A tragédia da Piedade*, em que rememorou o lamentável episódio e reconstituiu sua defesa, opondo-se à versão difamatória veiculada por Eloy Pontes em *A vida dramática de Euclides da Cunha*.

As anotações de leitura – em preto, azul, vermelho – não trazem data, o que nos leva a indagar se teriam sido realizadas antes ou depois da morte do escritor. Tudo leva a crer que lhe são posteriores: Dilermando demonstra segurança e grande familiaridade com as matérias que comenta, inclusive no que diz respeito a estratégias bélicas, revelando um teor de conhecimentos de que dificilmente já disporia em 1909. Além disso, com ironia, refere que, à época de Canudos, não existia a "aviação de bombardeio". Tal modalidade aérea, como se sabe, só se desenvolveu a partir da Primeira Guerra Mundial (1914-1918).

Podemos catalogar em três espécie as observações críticas de Dilermando: positivas, neutras e negativas. As primeiras são, de longe, as mais escassas, apenas cinco, em meio a centenas de neutras e negativas. Reportam-se a momentos em que ele se deixou levar pela magia e força verbal de Euclides: "bonito" (duas vezes), "m.b." (muito bom?), "belíssimo", "formidável". As neutras representam, quase sempre, esclarecimentos ou desdobramentos de informações veiculadas no livro. As negativas são de vária natureza: contestam informações históricas, refutam observações sobre procedimentos militares, assinalam as contradições de várias passagens, discordam de juízos de Euclides. Chegam a minúcias gramaticais, assinalando deslizes de pontuação, de regência verbal, de colocação de pronomes, dando-se ainda ao requinte de apontar duas redundâncias ("chimarrão amargo", "angustura estreita") e um cacófato ("mes*ma massa*"). Às vezes o tom se eleva contra as afirmativas euclidianas ("Que barbaridade!", "É mentira").

O acompanhamento do conceito de *raça* constitui o núcleo da leitura de Dilermando. Defende por três vezes o "gaúcho", a seu ver equivocadamente descrito por Euclides. Quando o autor assevera "Não há um tipo antropológico brasileiro", Assis rebate: "Não se o conhece, porém pode ser que exista". Num trecho, parece dirigir-se diretamente ao autor de *Os sertões*, que escrevera ser "contra a praxe" um sargento estar à frente da vanguarda: "Não, senhor! Um sargento pode muito bem, em coluna de tal monta, dirigir a vanguarda". Em outra passagem, transfere ao próprio escritor a caracterização que ele atribuíra ao coronel Moreira César: "Uma alma proteiforme constrangida em organização fragílima" – ao lado do trecho, Dilermando anotou, simplesmente: "Euclydes".

Euclides da Cunha e Dilermando de Assis, dois homens unidos e separados pela mesma mulher, voltaram a encontrar-se e a defrontar-se nas páginas deste exemplar de *Os sertões*.

Memórias da Semana de 22

Uma narrativa costuma apresentar protagonistas, antagonistas e coadjuvantes. E, na história da literatura brasileira, nenhum evento foi tão propício à criação de personagens quanto a Semana de Arte Moderna de 22. Não só por ser considerada, com ou sem exagero, como uma espécie de refundação da literatura do Brasil, quanto pelo caráter coletivo de que se revestiu.

À diferença dos movimentos anteriores – romantismo, parnasianismo, simbolismo –, o modernismo dispõe de um grandioso e específico acontecimento público para chamar de seu. Ora, exatamente por essa dimensão coletiva, não apenas pelo número de participantes, mas também pela congregação de um colegiado de artes – literatura, música, pintura, arquitetura, escultura –, as versões se acrescentam, se justapõem, se contradizem, a ponto de podermos dizer que parece ter havido diversas Semanas eventualmente até conflitantes abrigadas numa só Semana, a acreditarmos no que sobre ela disseram seus protagonistas, antagonistas e coadjuvantes.

Nossa proposta é a de apresentar um sucinto balanço de algumas manifestações retrospectivas, sob forma, de artigos, depoimentos, ensaios e livros escritos por alguns dos autores / atores das apresentações de 1922, num arco cronológico que se estende de 1932 a 1976. Manifestações que, com menor ou maior distanciamento cronológico, já se prestassem a propor uma espécie de legado do famoso evento, aqui retratado basicamente em sua dimensão literária, isto é, sem considerações sobre as demais artes que compuseram a programação da Semana.

O que logo avulta é que, nas rememorações do que ocorreu no Teatro Municipal de São Paulo, ninguém, praticamente, pretende assumir papel coadjuvante. O protagonismo foi alvo de revisões pelo filtro implacável da História. Algumas estrelas de 1922 hoje são poeira cósmica no mapa literário. Porém, mesmo contribuições modestas, de natureza administrativa, tendem a se automagnificar, por meio de narcísicas lentes de aumento.

Citemos o exemplo do hoje esquecido escritor paulista René Thiollier. Epígono de Eça de Queirós e de Coelho Neto, nada tinha a ver com o espírito modernista, salvo a circunstância de ser amigo de Paulo Prado, este, sim, um proeminente e abastado mecenas organizador do movimento. Coube a René a missão de assinar o contrato de aluguel do Teatro, no valor de 847 mil-reis [em torno de R$60.000,00], para a realização dos encontros de 13, 15 e 17 de fevereiro de 1922. Thiollier também integrou o comitê de patrocinadores, num total de nove pessoas, mas, até por incompatibilidade de estilo, não teve qualquer participação artística no festival. Isso, porém, não o impediu, na conclusão de um folheto editado às suas expensas em 1954 (data atribuída), de assim vangloriar-se: "por mais extravagante que possa parecer, quem organizou a 'Semana de Arte Moderna de 1922' fui eu".[1]

Se Thiollier, em sua generosa autoavaliação, se declara o organizador da Semana, outros reclamam a paternidade do evento, sem que exista um exame de dna literário inquestionavelmente confiável.

A maioria dos estudiosos, todavia, tende a atribuir a um coadjuvante de 22, o artista plástico Di Cavalcanti, a ideia de realizar o evento. No livro *Viagens de minha vida*, de 1955, Di relata que vivia em trânsito entre o Rio de Janeiro, onde morava, e São Paulo, onde ia ganhar dinheiro. Num desses deslocamentos, encontrou-se na Pauliceia com o já citado Paulo Prado, cafeicultor, empresário bem-sucedido, cosmopolita, culto e generoso. Di Cavalcanti cogitou a realização de uma semana de arte moderna no Teatro Municipal, proposta de imediato encampada por Paulo, que convocou um grupo de amigos da alta burguesia paulistana para apoiar financeiramente o projeto. Escreve o pintor: "Eu sugeri a Paulo Prado a nossa semana, que seria uma semana de escândalos literários, de meter os estribos na barriga da burguesiazinha paulistana".[2] Tudo leva a crer ter sido plantada nesse encontro a primeira semente da Semana. Mas outra pessoa também reivindica a primazia da sugestão: Nazareth, irmã de Paulo Prado, com quem o escritor e diplomata Graça Aranha, nome muito importante da Semana, mantinha um apaixonado relacionamento extraconjugal. Declarou

---

1 THIOLLIER, René. A semana de arte moderna (depoimento inédito). São Paulo: Cupolo, s/d.
2 DI CAVALCANTI, Emiliano. *Viagens da minha vida*. Rio de Janeiro: Civilização Brasileira, 1955, p.115.

Nazareth Prado: "Pode parecer presunçoso, mas eu fui a causadora da Semana de 1922. Naquela época, eu estava em São Paulo, em casa de minha família, e Graça Aranha necessitava de qualquer pretexto para me ver. A Semana de Arte foi um belo pretexto".[3] Vemos, portanto, que o tema se torna mais complexo. Além da paternidade, agora há que se conjecturar também sobre a maternidade da Semana.

Hoje soa espantosa a proeminência então conferida a Graça Aranha. Escritor secundário, já havia sido bafejado pelas benesses do destino quando, aos 30 anos, em 1898, foi convidado a integrar o quadro de fundadores da Academia Brasileira de Letras, e, caso único, sem haver escrito um livro sequer. Dele, sobreviveram apenas, e sem maior relevo, o romance *Canaã*, de 1902, e um belo ensaio introdutório à correspondência entre Machado de Assis e Joaquim Nabuco. Mas, como quer que seja, coube-lhe a honra de abrir a Semana de Arte Moderna, proferindo uma conferência algo frouxa e confusa intitulada "A emoção estética na arte moderna", no dia 13 de fevereiro de 1922.

Atribuem o prestígio de Graça junto a Paulo Prado não ao fato de o escritor, ao namorar Nazareth, haver-se tornado cunhado, mesmo oficioso, do empresário, mas à sua atuação como diplomata, quando teria desenvolvido importantes negociações junto à Alemanha e à França em favor do café brasileiro. Sua reputação no meio modernista, para dizermos pouco, não provocava entusiasmos, por isso o convite para sua participação no festival funcionaria principalmente como manobra a fim

---

3 PRADO, Nazareth. Disponível em: <https://www.cartacapital.com.br/cultura/uns-poucos-modernos/>. Acesso em: 17.01.2022.

de angariar o aval de um nome veterano e respeitado nas letras, algo estrategicamente vantajoso para os mais jovens.

Sobre o romancista, escreve Di Cavalcanti: "Não era homem de profundidades e, juntando-se ao nosso grupo de modernistas, deu ao movimento de 1922 um tom festivo irreconciliável talvez com o sentido de transformação social que para mim deveria estar no fundo de nossa revolução artística e literária".[4] Di transcreve uma notícia do jornal *O Estado de S. Paulo*, datada de 29 de janeiro de 1922: "Por iniciativa do festejado escritor Sr. Graça Aranha, da Academia Brasileira de Letras, haverá em São Paulo uma Semana de Arte Moderna"[5] – em mais uma atribuição de paternidade...

Poucos anos mais tarde, após expor-se, e indispor-se com a própria ABL, a Academia Brasileira de Letras, Graça Aranha seria rejeitado e ridicularizado pelos autores que ajudara a promover. Numa carta aberta de 1926, escreve Mário de Andrade: "você confundiu a função de orientador com a de tiranete e chefe político de comarca [...] você se tornou o maior blefe do Modernismo".[6] O escritor, de fato, nunca aderiu, senão tangencialmente, aos novos valores, permanecendo numa espécie de limbo, sem querer ser passadista e sem conseguir ser modernista.

Tinham-no, porém, como inconteste padrinho ou patriarca do movimento, ao menos até 1924, como se constata pela encomiástica homenagem de Manuel Bandeira, sob forma de

---

4 DI CAVALCANTI. Op. cit., p.116.
5 Idem, p.116.
6 ANDRADE, Mário de. Carta aberta a Graça Aranha, em: São Paulo: *A Manhã*, 12.01.1926.

dedicatória autografa num exemplar de *Poesias*: "A Graça Aranha, Manuel Bandeira; ao mestre da perpétua alegria, o seu eterno aprendiz. Rio, junho de 1924".[7] No transcurso da história, operou-se uma inversão de papéis: Graça Aranha, então protagonista, tornou-se coadjuvante; e Bandeira, então coadjuvante, tornou-se protagonista.

O poeta, como se sabe, não participou diretamente da Semana de 22, mas permitiu que um de seus poemas, "Os sapos", sátira contra o neoparnasianismo, fosse lido por Ronald de Carvalho. Voltaremos à questão. No memorialismo do *Itinerário de Pasárgada* (1954), Bandeira contradiz a dedicatória de 1924: "não conseguimos até hoje impor a verdade, a saber, que nunca fomos discípulos de Graça Aranha".[8] E admite, sobre o modernismo: "Pouco me deve o movimento; o que eu devo a ele é enorme".[9]

Do ponto de vista literário, é consenso que quatro foram os autores de destaque da Semana, todos eles paulistas: Guilherme de Almeida, Mário de Andrade, Menotti Del Picchia e Oswald de Andrade.

Desses, apenas Guilherme de Almeida não legou memórias. Prolífico, habilidoso versejador e tradutor, eleito por votação popular de uma revista o "príncipe dos poetas" brasileiros, foi o primeiro modernista a ingressar na Academia Brasileira de Letras, eleito já em 1930. Ressalvemos, porém, que Guilherme não entrou na ABL na condição de modernista. Ironicamente, o

---

7 BANDEIRA, Manuel. *Poesias*. Rio de Janeiro: *Revista de Língua Portuguesa*, 1924, p.1.
8 BANDEIRA, Manuel. *Itinerário de Pasárgada*. Rio de Janeiro: *Jornal de Letras*, 1954, p.67.
9 Idem, ibidem.

fundador da cadeira de Guilherme, a de número 15, fora Olavo Bilac, o parnasiano-mor, o mais fustigado pelos rapazes de 22; como se não bastasse, o antecessor imediato de Almeida foi Amadeu Amaral, outro parnasiano; e, para culminar, o novo acadêmico escolheu para saudá-lo Olegário Mariano, um neoparnasiano e feroz inimigo do modernismo; sintomaticamente, tal palavra não é citada nenhuma vez nos discursos de Guilherme e de Olegário, que, num arroubo, chega a declarar: "o entrechoque das escolas não conseguiu contaminar a vossa fibra virginal de poeta autêntico".[10]

Del Picchia, outro que, como Graça Aranha, foi realocado historicamente de protagonista a coadjuvante, talvez fosse, em 1922, o mais inflamado defensor do modernismo. O discurso vago de Graça Aranha proclamava a arte como "a realização da nossa integração no cosmos", pelas emoções e sentimentos que "nos levam à unidade suprema com o Todo Universal".[11] Já a conferência de Menotti trazia a arte para o século XX: "As ninfas modernas dançam maxixe ao som do jazz" [...] Morra a Hélade! [...] Morra a mulher tuberculose lírica [...] Organizemos [...] para dar uma vaia definitiva e formidável nos deuses do parnaso".[12] Nas memórias de *A longa viagem* (1972), ele relata que a grande imprensa era avessa à renovação

---

10 MARIANO, Olegário. Discurso de recepção a Guilherme de Almeida. Disponível em: <https://www.academia.org.br/abl/cgi/cgilua.exe/sys/start.htm%3Fsid%3D186/discurso-de-recepcao>. Acesso em: 17.01.2022.

11 ARANHA, Graça. *Espírito moderno*. São Paulo: Cia. Graphico-Editora Monteiro Lobato, 1925, p.12.

12 DEL PICCHIA, Menotti *et alii*. *O curupira e o carão*. São Paulo: Hélios, 1927, p.25.

artística, mas paradoxalmente foi num jornal de linha política conservadora, o *Correio Paulistano*, que, sob o pseudônimo de Helios, encontrou espaço para a divulgação do novo ideário estético. Prossegue Menotti: "Vou, sem consultar apontamentos, fixar o pitoresco dessa inesquecível batalha [a Semana] tal qual ainda a tenho na memória".[13] Sobre a noite de abertura, deprecia a conferência de Graça Aranha: "era, como peça oratória, uma exposição filosófica e doutrinária monótona".[14] E destaca: "O tumulto deveria explodir na segunda noitada [dia 15]. Fora eu o escalado para dirigi-la".[15] "Chamei Oswald de Andrade. Foi então que, sob o comado dos piquetes de vaia, rompeu no Teatro Municipal a maior assuada que me foi dado ouvir na vida. Uivos, gritos, pateadas no assoalho, risadas".[16]

Após Oswald, apresentaram-se vários poetas, cabendo o desfecho das leituras a Ronald de Carvalho. No saguão, Menotti se predispôs a explicar a arte cubista para um público afeito ao classicismo. Por fim, Menotti transcreve a carta irônica que, no dia seguinte, recebeu de Mário de Andrade: "Estamos célebres! Enfim! Nossos livros serão comprados! Ganharemos dinheiro! Seremos lidíssimos! Insultadíssimos! Celebérrimos".[17]

A destacar nas memórias de Del Picchia o tom cordial com que, no cinquentenário da Semana, em 1972, ele se refere a dois escritores que se tornaram desafetos, Mário, e, sobretudo, Oswald de Andrade. Como se sabe, juntos em 1922, em

---

13 DEL PICCHIA, Menotti. *A longa viagem*. São Paulo: Martins, 1972, p.133
14 Idem, p.134.
15 Idem, ibidem.
16 Idem, p.136
17 Idem, p.142

1928 se separavam, numa cisão de natureza ideológica: de um lado o grupo vencedor aos olhos da posteridade, politicamente mais à esquerda, representado por Mário e Oswald. E o grupo da direita, de que fariam parte Menotti e Plínio Salgado, este, um discreto coadjuvante da Semana, posteriormente fundador e líder da Ação Integralista Brasileira, versão nacional do fascismo italiano. Chegou a candidatar-se à presidência da República em 1955, tendo obtido 8,28 % dos votos.

Outro ponto diz respeito à motivação das hostilidades contra a Semana. Havia, decerto, extremada reação contra o que parecia ser um circo literário. Cassiano Ricardo, importante nome do modernismo, e que em 1926 se associaria a Menotti e Plínio, confessa sua dificuldade inicial em romper com o padrão antigo, no livro de memórias *Viagem no tempo e no espaço*, de 1970: "Um soneto à moda do tempo se tornara tão escravizador que só mesmo heroicamente poderia o viciado sair dele. De modo que a Semana de Arte Moderna foi, ao começo, escarnecida por mim, como coisa louca".[18] "Pouco depois, minha entrada para a redação do *Correio Paulistano*, onde já se encontravam Menotti Del Picchia e Plínio Salgado, me tornou um modernista convicto e até um teórico do Movimento".[19] "Oswald havia descoberto o Brasil na Europa; queríamos descobrir o Brasil no Brasil mesmo; [...] Verdamarelismo contra futurismo italiano, contra dadaísmo francês, contra expressionismo alemão".[20] "Oswald, com a sua genialidade, *blagueur* incorrigível, gostava de briga e

---

18 RICARDO, Cassiano. *Viagem no tempo e no espaço*. Rio de Janeiro: José Olympio, 1970, p.33.
19 Idem, p.35.
20 Idem, p.36.

nos insultava com uma alegria pantagruélica que dava gosto".[21] "Sei que Mário não me apreciava [...] Nada tenho que alegar. Trata-se de uma fase polêmica, e a maior vantagem era um não gostar muito do que o outro produzia".[22]

A conversão de Cassiano não foi a regra. Muitos se pronunciavam pela rejeição categórica dos novos valores. Um recurso reiterado para depreciar as vanguardas era rotulá-las indiscriminadamente de "futuristas", eliminando-se as diferenças entre os diversos movimentos artísticos para assim serem globalmente desqualificados, como subprodutos tardios do ideário de Marinetti, cujo primeiro manifesto remontava a 1909, e era tido como símbolo da vanguarda velha, se relevamos o paradoxo. Ainda em 1960 encontram-se ecos dessa posição conservadora, conforme se lê no ensaio-conferência *O modernismo*, de Nilo Bruzzi, onde o autor não hesita em recorrer a considerações racistas para desqualificar Mário de Andrade: "É um misto de caipira e mulato pachola opinando. Sua obra valerá muito, futuramente, não como contribuição artística, mas como contribuição para o estudo do mulato, ora pela arrogância, ora pela falsa modéstia, [...] tudo mesclado de forte dose de ridículo".[23]

Bastante crítico aos valores da Semana foi um importante movimento modernista do Rio de Janeiro, o do grupo Festa, que publicou, com esse título, a partir de 1927, um "mensário de pensamento e arte", capitaneado pelo poeta católico Tasso da Silveira.

---

21 Idem, p.38.
22 Idem, p.39.
23 BRUZZI, Nilo. *O modernismo*. Rio de Janeiro: Aurora, 1960, p.44.

Papéis de prosa

Diversamente do movimento paulista, *Festa* propunha uma arte universalizante, espiritualizada, em diálogo com a herança simbolista, e teve como assídua e mais proeminente colaboradora a poeta Cecília Meireles. Em *Definição do modernismo brasileiro*, de 1932, Tasso da Silveira, sem adotar um tom belicoso, defende a anterioridade do modernismo carioca sobre o de São Paulo: "como éramos desde o princípio renovadores, não tivemos a necessidade de dar a cabriola futurista, ou cubista, à imitação de Marinetti e de Cendrars.[24] "Concordo em que era preciso o barulho. [...] Mas perpetuar a pilhéria é simplesmente idiota";[25] "E, contudo, apesar de tudo, festa, festa, festa! Aceitamos alegremente a vida como a vida é. Quer dizer: como realidade divina e humana".[26]

As 141 páginas de *A grande semana de arte moderna* (1976), de Yan de Almeida Prado, talvez se constituam na mais extensa coletânea de recordações do tema. Na dedicatória à esposa de Paulo Prado, lê-se "À Marinette Prado, que teve a ideia da Semana de Arte Moderna".[27] Vê-se, portanto, que não apenas a paternidade, mas até a maternidade da Semana é matéria controversa, visto não estar esclarecido se tal honraria cabe à mulher ou à irmã de Paulo Prado. O título do livro, publicado às custas do autor, é enganoso, pois se trata de um rancoroso e agressivo ataque contra o evento – o capítulo 6 se intitula "A malfadada Semana de Arte Moderna" – fundamentado em

---

24 SILVEIRA, Tasso da. *Definição do modernismo brasileiro*. Rio de Janeiro: Forja, 1932, p.82.
25 Idem, p.84.
26 Idem, p.88.
27 PRADO, Yan de Almeida. *A grande semana de arte moderna*. São Paulo: EDART, 1976, p.5.

dois argumentos repetidos à exaustão: 1) a Semana, quando realizada, não foi levada a sério e obteve mínima repercussão, pois teria representado somente uma pilhéria para escandalizar e divertir a alta sociedade paulistana; 2) Mário e Oswald dela se aproveitaram para uma gigantesca operação autopromocional, e para isso tiveram que artificialmente inflar a importância e a repercussão do festival. Em suma, desejavam ser reconhecidos como escritores de mérito graças à propaganda contínua de seus papéis à frente da Semana. Com sarcasmo, Yan reduziu a um só – "Marioswald" – o nome dos dois e provocou: "Não havia recurso que deixassem de empregar em desesperado afã tendente a manter viva a Semana, de que dependia a sobrevivência da dobradinha".[28] Queriam "Marioswald de Andrade [...] na qualidade de seus donos, saírem das trevas em que se encontravam".[29] O curioso é que esse, um dos mais veementes e hostis libelos contra a Semana, foi escrito por alguém que dela participou! Sim, 54 anos depois, Yan, fez seu tardio ajuste de contas, numa época em que seus alvos preferenciais já estavam há muito tempo mortos: Mário em 1945, Oswald (contra quem chegou a entrar com ação criminal) em 1954. Até então, as críticas à Semana provinham ou de adversários visceralmente hostis à vanguarda, como Bruzzi, ou de autores que, de início contrários, como Cassiano Ricardo, posteriormente reviram seu posicionamento. Do catálogo original da Semana de 22 consta, com modesta participação, Almeida Prado, na seção de Pintura, para a qual contribuiu com dois desenhos.

---

28 Idem, p.15.
29 Idem, p.114.

O galardão de mais importante testemunho sobre a Semana de 22 costuma ser atribuído à conferência *O movimento modernista*, realizada por Mário de Andrade em abril de 1942. Nela, num discurso desencantado, Mário assinala a distância entre os objetivos e o efetivo alcance da Semana. Reconhece-lhe os méritos e aponta-lhe as insuficiências. Dentre os méritos, destaca-se um trecho que se tornou de citação quase compulsória por todos os estudiosos do período. A Semana teria facultado "O direito permanente à pesquisa estética; a atualização da inteligência artística brasileira; e a estabilização de uma consciência criadora nacional".[30] O ensaio é bastante atento às condições sócio-histórico-políticas que envolveram a Semana. Tal contextualização costuma estar ausente na maioria dos depoimentos. Mário enfatiza o caráter beneficamente destruidor desse primeiro modernismo, situado entre 1922 e 1930. Trata-se de um balanço geracional bastante difundido, com justiça, pela pertinência e agudeza das reflexões desenvolvidas ao longo de suas 81 páginas.

Considera-se Oswald de Andrade o mais modernista dos modernistas, por ter sido até o fim, um ortodoxo praticante dos postulados de 22, enquanto os demais desenvolveram várias fases ao longo de seus percursos. O Carlos Drummond de Andrade de *Alguma poesia*, de 1930, e o de *Claro enigma*, de 1951, são dois autores diversos que habitam a mesma pessoa. Já o Oswald do derradeiro poema "O escaravelho de ouro", de 1947, é bastante parecido com o Oswald *Pau-Brasil*, de 1925.

---

30 ANDRADE, Mário de. *O movimento modernista*. Rio de Janeiro: CEB, 1942, p.45.

Conhecido pela verve polêmica e sarcástica, emitia juízos bastante volúveis, sujeitos a rompantes, circunstâncias ou conveniências. Em seus artigos jornalísticos, o que havia de constante era a inconstância. Declara o poeta Domingos Carvalho da Silva: "Conheci pessoalmente o sr. Oswald de Andrade em 1947, e desde esse ano o sofri alternadamente como amigo e inimigo. Admiro sua curiosa contribuição para o movimento modernista, a cuja massa falida permanece fiel como um rabino agarrado ao Velho Testamento".[31] Cassiano Ricardo, em 1944, foi chamado de "ratazana em molho pardo",[32] mas, num artigo de 1952, viu-se alçado ao posto de "maior poeta vivo do Brasil".[33]

No que tange, porém, à Semana, dela ele foi sempre, *et pour cause*, ardoroso defensor. Referiu-se ao acontecimento em numerosas crônicas, conferências, entrevistas, embora jamais tenha esclarecido as causas de seu radical rompimento com Mário de Andrade, em 1929, tendo sido tão próximos na Semana de 22, e mesmo antes, desde o ano de 1917. A amizade surgiu quando ambos convergiram na defesa de uma exposição de pinturas de Anita Malfatti. Cinco anos antes da Semana, já começava a tomar corpo o projeto modernista. É consenso que fevereiro de 1922 não foi o ponto de partida do modernismo, e sim o marco simbólico de legitimação pública de um processo em curso, cujos melhores frutos seriam posteriores à Semana, com a Geração de 30, e as estreias de Drummond,

---

31 ANDRADE, Oswald de. *Os dentes do dragão*. São Paulo: Editora Globo, 1990, p.206.
32 ANDRADE, Oswald de. *Telefonema*. 2.ed. São Paulo: Editora Globo, 2007, p.171.
33 Idem, p.552.

Murilo Mendes e de um Manuel Bandeira modernisticamente repaginado no livro *Libertinagem*.

As razões da ruptura entre os Andrades permanecem até hoje no terreno nebuloso das especulações. A primeira referência de Oswald ao ex-amigo, em 1929, traz as marcas do ressentimento: "Como se o sr. Mário de Andrade, antes, durante e depois da amizade que teve por mim, não fosse acima de tudo um cínico! Quanto a mim o que sempre me impressionou no Mário foi o barítono".[34] Em outras entrevistas, porém, há elogios ao desafeto: "Mário foi um grande estímulo e, sob certo aspecto, gostei dele por narcisismo, pois a sua literatura vinha provar que as minhas tendências eram certas".[35] Foram inúteis as sinalizações oswaldianas de reconciliação, Mário se mostrava irredutível a qualquer tentativa de reaproximação. Numa carta duríssima endereçada a Murilo Miranda, em 10 de julho de 1944, Mário de Andrade desabafou, sem citar nominalmente Oswald: "o único ódio que me depaupera", "um indivíduo que chafurdou nas maiores baixezas do insulto e da infâmia pessoal", "Porque sei que se trata em toda rica extensão da palavra 'miserável', tanto usada pra leprosos, como pra qualquer indigente ou qualquer bandido: esse miserável".[36]

Em *Os dentes do dragão*, de 1990, foram reunidas 43 entrevistas de Oswald de Andrade; em 20 delas, há referências centrais ou periféricas à Semana. Da terceira à antepenúltima entrevista, o modernismo e seus personagens ocupam espaço privilegiado.

---

34 ANDRADE, Oswald de. *Os dentes do dragão*. Op. cit., p.50.
35 Idem, p.163.
36 ANDRADE, Mário de. *Cartas a Murilo Miranda*. Rio de Janeiro: Nova Fronteira, 1981, p.167.

Em 1926, manifestou-se sobre Graça Aranha: "Esse literato é um simples pedante que pretende elevar a sua confusão de ideias importadas à altura de um fenômeno brasileiro".[37] Em junho de 1954, a menos de cinco meses da morte, manifestou-se uma vez mais sobre Mário e sobre a literatura que se seguiu à de sua geração: "O movimento que iniciamos tão bem com Mário de Andrade sofreu um retrocesso com a literatura linear e primária do Nordeste. [...] O Brasil letrado (pouco letrado) estava muito mais preparado para receber o romance de cordel dos srs. José Lins do Rego e Graciliano Ramos do que as altas cogitações estéticas da Semana de Arte Moderna de 1922".[38]

Percorremos diversas recordações da Semana. Para o desfecho, convém agora mudar o ângulo e investigar não o que se disse, mas o que não se disse, o que permanece até hoje lacunoso. Em vez da memória, a desmemória da Semana.

E logo constamos algo surpreendente. Seja por meio de depoimentos posteriores, seja pelos divulgadores coetâneos, ainda desconhecemos, um século depois da Semana, a quase totalidade dos poemas que foram ao palco na condição de supostos representantes da arte moderna. Com exceção da poesia da *Pauliceia desvairada* de Mário de Andrade, teriam sido modernistas os poetas e os poemas da Semana de Arte Moderna? Não. O enorme sucesso posterior do evento se daria muito mais pelas intenções renovadoras e provocativas do que pelos textos propriamente ditos, que, em teoria, deveriam materializar tais intenções.

---

37 ANDRADE, Oswald de. *Os dentes do dragão*. Op. cit., p.22.
38 Idem, p.237.

Em busca desses poemas esquecidos, não identificados inclusive pelos seus autores, recorremos à maior fonte de consulta relativa aos coevos à Semana: o livro *22 por 22*, organizado por Maria Eugenia Boaventura, que coligiu mais de duas centenas de matérias jornalísticas sobre a Semana, seus participantes e suas propostas, fossem os artigos favoráveis, fossem, na maioria, hostis.[39]

"Os sapos", de Manuel Bandeira se tornou o poema-símbolo dentre todos os apresentados no evento. Sérgio Buarque de Holanda chegou, com exagero, a considerá-lo "uma espécie de hino nacional dos modernistas",[40] sem, todavia, referir sua apresentação no palco do Teatro Municipal. Pois bem: nenhuma das 231 matérias coligidas no livro de Maria Eugenia cita "Os sapos" ou seu autor, e tampouco o nome do poeta consta da programação oficial de 22. Portanto, foi *a posteriori* que esse texto adquiriu dimensão superlativa, inexistente para a plateia e para os críticos na noite de 15 de fevereiro, quando, então, teria sido apenas mais um dentre tantos outros poemas estrepitosamente vaiados pela assistência. A rigor, nem se trata de peça alinhada aos postulados transgressores do modernismo: é vazada em versos pentassilábicos de métrica e rimas convencionalmente regulares. Critica o "parnasianismo agudo" e anacrônico de então, mas não o parnasianismo original. No *Itinerário de Pasárgada*, Bandeira foi claro: "A propósito desta sátira, devo dizer que a dirigi mais contra certos ridículos

---

39 BOAVENTURA, Maria Eugenia (Org.). *22 por 22. A Semana de arte moderna vista pelos seus contemporâneos*. São Paulo: Edusp, 2000.
40 HOLANDA, Sérgio Buarque de. *Cobra de vidro*. São Paulo: Martins, 1944, p.28.

do post-parnasianismo".[41] "Nunca atacamos [ele e Ribeiro Couto] publicamente os mestres parnasianos, nunca repudiamos o soneto".[42] Num paradoxo aparente, podemos dizer que, com o *Itinerário de Pasárgada*, foi a partir de 1954 que o poema começou a fazer um grande sucesso em 1922.

De todos os escritores da Semana, apenas três se destacam atualmente no cânone da literatura brasileira: Bandeira, Mário e Oswald. Bandeira, em 1922, como vimos, ainda distante da adesão franca ao modernismo; Oswald, naquela noite, não compareceu como poeta, preferindo ser apupado como ficcionista. Leu trechos do romance *Os condenados*, uma narrativa muito aquém das técnicas vanguardistas que exibiria em *Memórias sentimentais de João Miramar*, de 1924. De Mário de Andrade não há certeza do poema apresentado: alguns apontam "Ode ao burguês", que se conclui com "Fora! Fu! Fora o bom burguês"!...".[43] Num jogo de espelhos, Mário teria sido vaiado pelo público, ao ler um verso em que vaiava o público. Outros dizem que o poeta declamou "Inspiração", que se abre com o brado "São Paulo! Comoção de minha vida".[44] O escritor nunca informou o título do poema que leu, e também, nos 23 anos seguintes, ninguém parece ter demonstrado curiosidade em esclarecer junto a ele essa grande dúvida.

O que predominou na Semana foram os poetas pré-modernistas, ou de um modernismo tão moderado que jamais poderiam ser considerados paradigmas de revolução ou

---

41 BANDEIRA, Manuel. *Itinerário de Pasárgada*. Op. cit., p.54.
42 Idem, p.67.
43 ANDRADE, Mário de. *Poesias*. São Paulo: Martins, 1941, p.13.
44 Idem, p.9.

mesmo de renovação literária. São os casos de Ronald de Carvalho e de Ribeiro Couto. A obra mais "moderna" de Ronald é *Toda a América*, de 1926, em que a crítica detecta forte influência de Walt Whitman. Ribeiro Couto foi expoente do chamado "penumbrismo", tendência literária a que faltavam ironia, humor e viés crítico. Em 1922, Menotti Del Picchia e Guilherme de Almeida se vinculavam poeticamente à tradição, pois somente em 1925 publicariam livros modernistas, Menotti com *Chuva de pedra*, Guilherme com *Raça*. Sérgio Milliet teve seu poema em língua francesa interpretado por um amigo suíço, Henri Mugnier. Plínio Salgado mal pode ser considerado poeta: sua incursão no gênero limitou-se, em 1919, ao medíocre *Tabor*, obra jamais reeditada, de fatura subparnasiana. Completando o elenco, dois poetas de muito escassa produção, postumamente publicados: Tácito de Almeida e Luís Aranha — esse, o caçula do grupo, o único nascido no século XX, em 1901. Por fim um outro, nunca acolhido em livro próprio: Agenor Barbosa.

Seriam esses de fato os representantes daquilo que se pretendia considerar poesia moderna? Ou será que o ideal de renovação conseguiu expandir-se à revelia desse incipiente elenco modernista? Foi o que efetivamente acabou ocorrendo, mas nunca saberemos com que intensidade e velocidade o fenômeno do modernismo ter-se-ia propagado e consolidado sem o aparato publicitário e o trampolim da Semana.

Embora tenham abrigado várias artes, os três dias do festival privilegiaram em especial a música, com a entronização de Villa-Lobos quase como um gênio da raça. Mas não há dúvida de que foi pela literatura que o evento se notabilizou. Desde aquela época, a poesia modernista sempre esteve no centro das discussões, ora para ser desqualificada como "futurista", ou para ser louvada como "avanguardista".

O leitor de hoje, interessado em inteirar-se do que foi efetivamente apresentado nos dias 13 e sobretudo 15 de fevereiro, depara com a desinformação. Das cinco conferências anunciadas no programa, desconhecemos por inteiro o teor de três: as de Ronald de Carvalho, Renato de Almeida e Mário de Andrade, nunca transcritas ou localizadas. E não se pense que a ausência de documentação textual se limite aos discursos. Do conjunto de poemas que subiram ao palco, só temos certeza da presença de "Os sapos", e, por ironia, de um texto do mais obscuro participante, Agenor Barbosa, autor de "Os pássaros de aço",[45] mescla estilística não muito bem-sucedida de simbolismo e modernismo:

> No aeródromo, o aeroplano
> Subiu, triunfal, na tarde clara,
> Grande e sonoro, como o Sonho humano!
> Ó bandeiras da audácia!
> Da Terra que a ambição dos Paulistas povoara
> De catedrais e fábricas imensas
> Que, por áreas extensas,
> Se centimultiplicavam em garras e tentáculos,
> A Cidade assistia indiferente,
> Naquele início de poente,
> Com seus divinos céus, luminosos e imáculos
> Seu *mare magnum*, seu oceano,

---

45 BARBOSA, Agenor. "Os pássaros de aço", em: São Paulo: *Jornal do Commercio*, 21.06.1921.

O seu bazar cosmopolitano,
O seu surdo rolar de esquares e de praças,
Todos os seus florões, todas as suas raças,
O seu belo brasão heráldico e minúsculo.

À ascensão maravilhosa do crepúsculo

E um outro aeroplano
Alçou o voo, logo após, medindo o espaço
Como um estranho pássaro de aço.
E pano...
E em semicírculos, como uma ave de rapina,
Subiu num rufo de motor
Dominador,
Pela amplidão dos céus, solitária e divina!

As conferências e poemas lidos na Semana que lograram chegar aos livros mal devem ultrapassar a vintena de páginas. Há uma grande desproporção entre a exiguidade do que foi publicado e a enormidade do que sobre a Semana se escreveu. Seu legado reside muito mais no conjunto de textos que ela provocou do que no conjunto de textos que ela produziu. Certamente não há relação necessária entre a dimensão diminuta de um documento e a amplidão de sua posteridade, haja vista a repercussão alcançada pelas pouquíssimas linhas inscritas na tábua de Moisés. Mas nesse caso talvez falte, para alento de professores e historiadores, um décimo primeiro mandamento: "Não pesquisarás em vão". Seria extraordinário se pudéssemos localizar o material dado como perdido, e assim talvez entender melhor em sua inteireza a gênese da poesia modernista, com a da compilação da totalidade de palestras e poemas levados à cena há cem anos no Teatro Municipal de São Paulo. Hoje ainda estamos bem longe de tal situação. Mas quem sabe esse desígnio não se transforme em realidade até 2122, a tempo de integrar as comemorações do segundo centenário da Semana de Arte Moderna?

Graciliano na escola

Em *Infância* (1945), Graciliano Ramos conta que sua descoberta da literatura se deu pelo pior dos caminhos: o das historietas edificantes que reinavam, incontestes, nos manuais escolares, ainda por cima vazadas em torneios de linguagem completamente alheios à sua vivência de menino alagoano.

Numa dessas histórias, o personagem indagava: "Passarinho, queres tu brincar comigo?". Como se não bastassem a presença incômoda da segunda pessoa do singular e a anteposição do verbo ao pronome pessoal, Graciliano ainda aprendeu que o passarinho recusava a brincadeira porque tinha algo mais sério a fazer – o próprio ninho: "Ave sabida e imodesta, que se confessava trabalhadora em excesso e orientava o pequeno vagabundo no caminho do dever".

Em outra passagem do livro escolar, soava imperativa a advertência: "Fala pouco e bem: ter-te-ão por alguém". Não sem ironia, poderíamos dizer que, amante da concisão, nosso escritor, posteriormente, aproveitaria de bom grado a primeira metade do conselho. A segunda, porém, foi-lhe traumática, a ponto de ele haver tentado, inutilmente, descobrir quem seria o tal "Terteão". A literatura, quando não a serviço dos bons costumes, vigorava como repositório normativo da linguagem clássica: "Aos sete anos, no interior do Nordeste, ignorante da minha língua, fui compelido a adivinhar, em língua estranha, as filhas do Mondego, a linda Inês, as armas e os barões assinalados".

No capítulo "Samuel Smiles", Graciliano narra as agruras por que passava, em decorrência de ignorar como deveria pronunciar o sobrenome do escritor britânico, até que um professor, afinal, lhe ensina o modo correto. Em sequência, relata desentendimento com dois vendedores no armazém paterno: "achava-me remoendo um jornal em voz alta. [...] De repente o meu conhecido avultou no papel. Temperei a goela e exclamei: Samuel Smailes. Um dos caixeiros censurou-me a ignorância e corrigiu: Samuel Símiles. Outro caixeiro hesitou entre Símiles e Simíles. [...] Mas Samuel Smiles impunha-se facilmente. Era Smailes porque a voz do professor me chegava clara".

Vê-se, portanto, que a verdade, no caso, não se fundamenta no teor argumentativo, mas decorre simplesmente da aceitação inquestionável do discurso da autoridade (o professor). Assim, a noção do que é "certo" não se demonstra por si, mas atrela-se indissoluvelmente ao poder (ou desprestígio) do ponto de emissão do juízo. A frase carrega sempre a marca de seu lugar de enunciação – que pode chancelá-la ou condená-la antes mesmo de ser proferida; quanto (não) vale a fala de Fabiano, de *Vidas secas* (1938)? Fontes "autorizadas" do verbo cuidam de blindar-se contra qualquer apropriação "indébita" por parte de usuários "não qualificados". Não basta o domínio da palavra; é necessário que tal domínio seja avalizado pelo poder autolegitimador que o constituiu: é no certificado de origem que a palavra se impõe como valor de verdade. Nesse sentido, é exemplar o capítulo inicial do romance *S. Bernardo* (1934): o protagonista Paulo Honório, ciente de que, pela ascendência humilde, desguarnece sua prosa de validação institucional, tenta obtê-la por meio da elaboração de uma narrativa a várias vozes, em parceria com representantes do bem dizer beletrístico e ornamental: um padre (a fornecer o recheio erudito das citações latinas), um gramático ortodoxo (a zelar pela pureza do idioma) e um literato, afeito às galas de linguagem.

Na escola primária, Graciliano não descobriu apenas o alfabeto. Vivenciou o aprendizado do sofrimento, da arbitrariedade, da intolerância. No capítulo "Um cinturão", rememora: "As minhas primeiras relações com a justiça foram dolorosas e deixaram-me funda impressão. [...] Batiam-me porque podiam bater-me, e isto era natural". Em outros momentos, observa: "Não há prisão pior do que uma escola do interior"; "Eu vivia numa cadeia pequena, como papagaio amarrado na gaiola". À sua maneira, *Infância* não deixa de esboçar uma versão mirim das *Memórias do cárcere*, com a duvidosa vantagem de que a cela escolar funcionava em regime semiaberto: o menino era livre para regressar ao domicílio, onde cordas, fivelas e cintos já aguardavam impacientes o retorno do réu.

Para além dos registros de episódios da infância, muitos deles pungentes, a obra é sutilmente metalinguística. Contém, disseminadas ao longo do enredo, reiteradas reflexões acerca da força do verbo, em especial no que tange à literatura, que tanto pode abrir-se em direção à liberdade, quanto coonestar o terreno da repressão. Ora as letras serviam para coibir o imaginário infantil, através de sufocante moralismo e de anacrônicas prescrições gramaticais, ora abriam zonas de escape para a luz de um outro mundo, descoberto fora da escola, território dos romances de folhetim e de capa e espada, oásis da imaginação desabrida no puro prazer da aventura. Escreveu Graciliano: "Na escuridão percebi o valor enorme das palavras". Palavra, cela sombria e passaporte para o sol.

No salão com Rubem Braga

Rubem Braga concedeu centralidade e estatuto literário à crônica, que em outros é subsidiária: José de Alencar, Machado de Assis, e alguns famosos cronistas contemporâneos de Rubem — Fernando Sabino, Paulo Mendes Campos — sempre cultivaram outros gêneros.

Comecemos destacando seu estilo, considerado de grande simplicidade vocabular e sintática. Davi Arrigucci[1] ressalta a eclosão do poético no cotidiano; nesse sentido, Rubem se aproxima de Manuel Bandeira, que se dizia "poeta menor", por só lograr exprimir o que a percepção alcança e a memória não apagou. Também o cronista evoca um mundo próximo, de borboletas, passarinhos, mulheres amadas e desejadas, sem, contudo, jamais esquecer a sensação de perda que a vida imprime em seu transcurso. Sobre nós sobrepaira, soberana, "A grande dor das

---

1 ARRIGUCCI Jr., Davi. *Os melhores contos — Rubem Braga.* 3.ed. São Paulo: Global, 1985.

cousas que passaram",[2] segundo o verso de Camões, considerado por Rubem um dos mais belos da língua.

A simplicidade não é dádiva, é conquista e construção. No caso de Rubem, é sua marca desde sempre. O autor surge pronto ao estrear em livro com *O conde e o passarinho*, de 1936 – aos 23 anos, já havia escrito milhares de crônicas, e chegaria ao fim da vida com um montante superior a 15 mil, nunca integralmente reunidas. Existe certo preconceito contra o gênero, estimulado, paradoxalmente, por seus próprios cultores. Rubem considerava-se à altura apenas da demanda do jornal: "Raramente na minha vida escrevi alguma coisa que não fosse para ser publicada no dia seguinte".[3]

Seu "cartão de visitas" em *O conde e o passarinho* é bastante rude, quase agressivo, autodepreciativo e sem concessão ao leitor, justificando, desde cedo, o apelido de Velho Urso:

> Já escrevi bem umas duas mil crônicas. É natural, eu vivo disso. Estas aqui não são as melhores; podem dizer que eu escolhi mal, tanto do ponto de vista literário como do ponto de vista revolucionário. Mas estas representam as outras. [...] Também encontrareis um ou outro sorriso. Mas não muito alegres. Sempre tive maus dentes e não conheço, por isso, o riso rasgado, fácil e feliz. Sou jornalista, o que quer dizer: nem um literato, nem um homem de ação. [...] Palavra de honra que me sinto desajeitado, metido assim em um livro. Os homens sérios que escrevem livros

---

2 CAMÕES, Luís de. "Erros meus, má fortuna, amor ardente", em: *Sonetos*. Lisbonne-Paris: Centre Culturel; Rio de Janeiro: Fundação Casa de Rui Barbosa, 1980, p.171.

3 BRAGA, Rubem. "Prefácio", em: *O conde e o passarinho*. Rio de Janeiro: José Olympio, 1936, p.7.

têm quase sempre um certo desprezo pela gente de jornal. Na verdade, nós jornalistas, somos uma raça leviana e geralmente sem cultura. [...] Minha intenção principal é apenas ganhar dinheiro, porque, no momento, o jornal em que eu trabalhava fechou, o que veio agravar minha quebradeira normal.[4]

Quando lançou, em 1977, suas *200 crônicas escolhidas*, Rubem selecionou apenas sete do primeiro livro. Interessante examinar o material excluído: o autor eliminou as mais circunstanciais, inclusive a indefectível crônica cujo assunto é a falta de assunto. Ele desenvolve o surrado tema num discurso bem violento contra o leitor, tratado quase a pontapés. Eis um trecho de "Ao respeitável público":

> Chegou meu dia. Todo cronista tem seu dia em que, não tendo nada a escrever, fala da falta de assunto. Chegou meu dia. Que bela tarde para não se escrever! [...] Portanto, meu distinto leitor, portanto, minha encantadora leitora, queiram ter a fineza de retirar os olhos desta coluna. Não leiam mais. Fiquem sabendo que eu secretamente os odeio a todos; que vocês todos são pessoas aborrecidas e irritantes; que eu desejo sinceramente que todos tenham um péssimo Carnaval, uma horrível quaresma, um infelicíssimo ano de 1934, uma vida toda atrapalhada, uma morte estúpida! [...] Mas ainda insistem? Ah, se eu pudesse escrever aqui alguns insultos e adjetivos que tenho no bico da pena! Eu lhes garanto que não são palavras nada amáveis; são dessas que ofendem toda a família. Mas não posso e não devo. Eu tenho que suportar vocês diariamente, sem escândalo e sem remédio. Vocês

---

4 BRAGA, Rubem. Op. cit., p.7.

podem virar a página, podem fugir de mim quando entendem. Eu tenho de estar aqui todo dia, exposto à curiosidade estúpida ou à indiferença humilhante de dezenas de milhares de pessoas. [...] Amanhã eu posso voltar bonzinho, manso, jeitoso; posso falar bem de todo o mundo, até do governo, até da polícia. Saibam desde já que farei isto porque sou cretino por profissão; mas com todas as forças da alma eu desejo que vocês todos morram de erisipela ou de peste bubônica. Até amanhã. Passem mal.[5]

Outro texto suprimido foi "Conto histórico", revelador da tendência à fabulação por parte do Rubem, que incursiona em terceira pessoa quando a crônica é sabidamente um gênero da primeira pessoa do singular. Leia-se, a propósito, o que declara Joaquim Ferreira dos Santos, organizador da antologia *100 melhores crônicas da literatura brasileira*: "Desta vez eles [os cronistas] estão reunidos para gritar com ênfase a palavra mais querida no repertório de um cronista de verdade: 'Eu!', 'Eu!' [...] Crônica é a literatura de bermudas e quando veste biquíni fica melhor ainda".[6]

Retornemos à seleção do próprio Rubem, nas *200 crônicas escolhidas*. Seus primeiros livros encontram-se pouco representados: sete textos de *O conde e o passarinho*, cinco do livro seguinte, *Morro do Isolamento* (1944), e apenas dois do próximo – *Com a FEB na Itália* (1945), de quase 500 páginas – talvez o mais datado, quando o autor foi correspondente de guerra do *Diário Carioca*.

---

5 Idem, p.37.
6 SANTOS, Joaquim Ferreira dos. "'Eu!', 'Eu!'". Rio de Janeiro: *O Globo*, "Segundo Caderno", 22 de maio de 2006, p.8.

A partir de então, todos os livros fornecerão à coletânea de 1977 mais de vinte crônicas, atingindo-se o montante de quarenta e nove em *A traição das elegantes*, de 1967. Fica explícita a valorização de textos mais recentes, o que não deixa de ser injusto para com uma obra homogênea e maciçamente bem escrita desde os primórdios.

Em nota a *O homem rouco* (1949), esclarece: "Todas [as crônicas] foram escritas entre abril de 1948 e julho de 1949; estão arrumadas em ordem cronológica. [...] O autor agradece a Moema [não se sabe de quem se trata] o trabalho que teve de juntar os recortes e arrumar o livro". Na nota, duas sinalizações: o apreço pela ordem cronológica; o desapreço por um "projeto de livro".[7]

O livro, portanto, nasce à mercê do calendário, sem fio unificador, sujeito aos fatos e às circunstâncias. Frisemos, porém, a diferença entre um cronista corriqueiro, escravo do fato, e um escritor. Em Rubem, o fato é trampolim para uma outra coisa, o passado, a infância, ou biombo para esconder o presente e se abrir para o devaneio ou a especulação não sobre o que está ali, mas sobre o que poderia ou deveria estar:

> Ah, roda de amigos e mulheres. Esses momentos de praia serão mais tarde momentos antigos. Um pensamento horrivelmente besta, mas doloroso. Aquele amará aquela, aqueles se separarão; uns irão para longe, uns vão morrer de repente, uns vão ficar inimigos. Um atraiçoará, outro fracassará amargamente, outro ainda ficará rico, distante e duro. E de outro ninguém

---

[7] BRAGA, Rubem. "Nota", em: *O homem rouco*. Rio de Janeiro: José Olympio, 1949, p.7.

nunca mais ouvirá falar, e aquela mulher que está deitada, rindo tanto sua risada clara, o corpo molhado, será aflita e feia, azeda e triste.[8]

Para além do verso de Camões, "a grande dor das cousas que passaram", Rubem faz sentir a dor prévia das coisas presentes que passarão. Nosso cronista, teoricamente, repórter do presente, dele foge com frequência. Não tem compromisso em representar, e sim em expressar a realidade. Enquanto uma representação se pretende objetiva, a expressão não esconde as marcas ostensivas da subjetividade.

O que, por exemplo, poderia uma simples notícia sobre o carnaval carioca em 1935 se transfigura. O texto intensamente aliterativo parece acompanhar o ritmo das batucadas:

> Meninas mulatas, e mulatinhas impúberes e púberes, e moças mulatas e mulatas maduras, e maduronas. [...] Morram as raças puras, morríssimam elas! Vede [...] tais bocas de largos beiços puros, tais corpos de bronze que é brasa, e testas, e braços, e pernas escuras, que mil escalas de mulatas![9]

Frente a algo banal, um lombo de porco, diz o cronista, em "Almoço mineiro":

> O lombo era macio e tão suave que todos imaginamos que o seu primitivo dono devia ser um porco extremamente gentil,

---

8 BRAGA, Rubem. *200 crônicas escolhidas*. Rio de Janeiro: Record, 1977, p.41.
9 Idem, p.6.

expoente da mais fina flor da espiritualidade suína [...]. É inútil dizer qualquer coisa a respeito dos torresmos. Eram torresmos trigueiros como a doce amada de Salomão [...] Que importa? O lombo era o essencial, e a sua essência era sublime. Por fora era escuro, com tons de ouro. A faca penetrava nele tão docemente como a alma de uma virgem pura entra no céu. A polpa se abria, levemente enfibrada, muito branquinha, desse branco leitoso e doce que têm certas nuvens, às quatro e meia da tarde, na primavera. O gosto era de um salgado distante e de uma ternura quase musical. Era um gosto indefinível e puríssimo, como se o lombo fosse lombinho da orelha de um anjo louro.[10]

Enquanto o cronista saboreia o porco, o leitor degusta as imagens. Numerosas são as ocorrências do que podemos designar, em Rubem, a poética do devaneio.

Quando recorda a primeira visão do oceano, subitamente ele se transforma numa fonte de poesia, por meio de repetições trazendo, à maneira de uma onda, a palavra mar, como se fosse anaforicamente o início de cada verso. Braga acopla o fato concreto, o mar do menino, ao mar da poesia ("Mar", 1938):

> Mar maior que a terra, mar do primeiro amor, mar dos pobres pescadores maratimbas, mar das cantigas do catambá, mar das festas, mar terrível daquela morte que nos assustou, mar das tempestades de repente, mar do alto e mar da praia, mar de pedra e mar do mangue...[11]

---

10 Idem, p.15.
11 Idem, p.17.

É poderosa a imaginação líquida de Rubem Braga. Nele reincide a figuração marinha ou fluvial (do rio Itapemirim, de sua infância, e que recolheu suas cinzas, conforme vontade testamentária).

Alguns contos ou crônicas trazem a presença do nadador, que às vezes, como a própria vida, se opõe à corrente, outras segue o fluxo pré-determinado.

Sobre o tema, "Da praia" (1946) estampa insólitas comparações:

> Lembro que olhando pela porta do bar vimos a indecisa aurora que animava as ondas. [...]. O oceano amanhecia como um poderoso trabalhador, a resmungar; ou como grande, vasta mulher, entre murmúrios; ou como árvore imensa, num sensível espreguiçamento de ramos densos de folhas.[12]

Braga é hábil na elaboração de tais impactos metafóricos em parágrafo inicial, como em "Opala":

> Vieram muitos amigos. Um trouxe bebida, outros trouxeram boca. Um trouxe cigarros, outro apenas seu pulmão. [...] E Joaquina, de mão no queixo, olhando o céu, era quem mais fazia: fazia olhos azuis.[13]

Numa crônica ("A navegação da casa"), não é uma embarcação, e sim a casa, que flutua, solta no tempo, em busca do passado... Essa vertente algo delirante corresponde a um filão pouco explorado pelos estudiosos de sua obra: o fantástico,

---

12 Idem, p.49
13 Idem, p.176.

em outra negação do cotidiano trivial e bem-comportado. Em "Quermesse", ele conversa com o diabo, com a morte e com os mortos.

Outro aspecto pouco ressaltado na produção do cronista é a afinidade com Machado de Assis. Rubem Braga esconde o seu lado culto nas crônicas. Dá a impressão de ser alguém alheio aos livros, sempre olhando para fora, observador da vida. O leitor Rubem, porém, comparece obliquamente, não através de referências diretas.

Machado de Assis desenvolve estilo sentencioso, conciso, fundado no humor. Apreciava fulminar a veleidade dos homens em sucintas frases, lapidares, de extração moralista, não no sentido censório, mas no diapasão dos moralistas franceses, que veem a vida como representação e comédia, a exigir distanciamento, para que se possa, complacentemente, contemplar o espetáculo das escassas virtudes e dos muitos vícios humanos.

Em conversa com o diabo ("Eu e Bebu na hora neutra da madrugada", 1933), Rubem diz: "Bebu [como ele chama alguém, quando estão bebendo juntos], você não parece o diabo. É apenas, como se costuma dizer, um pobre-diabo". O diabo retruca: "Um pobre-diabo é um pobre Deus que fracassou".[14] Para justificar sua posição estigmatizada na escala dos mitos, o demo diz que só é desvalorizado porque perdeu a batalha. Tivesse sido o vencedor, tudo seria diverso.

Tal consideração recorda a novela *O alienista*, de Machado de Assis, em que todos os loucos foram decretados sãos, e os sãos declarados loucos, ao arbítrio do médico Simão Bacamarte. Cônscio da efêmera duração dos atributos da verdade, declara Bebu:

---

14 Idem, p.32.

O Bem será o Mal, o Mal será o Bem. Quem passou a vida adulando Deus irá para o inferno deixar de ser imbecil. Eu farei a derrubada: em vez de anjinhos, os capetinhas; em vez dos santos, os demônios. Tudo será a mesma coisa, mas exatamente o contrário. Não precisarei nem modificar as religiões. Só mudar uma palavra no livro dos santos: onde estiver "não" escrever "sim", onde estiver "pecado" escrever "virtude". E o mundo tocará para frente. Vocês não seguirão a minha lei, como não seguem a dele; não importa, será sempre a lei.[15]

Machado pode ter sido igualmente a remota inspiração de crônica pouco divulgada de Rubem Braga, "Lembrança de um braço direito" (1948). Machado, como se sabe, é aficionado de braços. O cronista relata uma viagem de avião, em voo turbulento. Uma senhora, muito nervosa, oferece o braço para que Rubem Braga tente acalmá-la. Observe-se a ironia machadiana com que ele descreve a aflição da mulher, desejosa de abanar-se, como se isso resolvesse alguma coisa, frente ao quadro de tensão que todos vivenciavam:

Ela estava tão aflita, que embora fizesse frio se abanava com uma revista. Tentei convencê-la de que não devia se abanar, mas acabei achando que era melhor que o fizesse. Ela precisava fazer alguma coisa e a única providência que aparentemente podia tomar naquele momento de medo era se abanar. Ofereci-lhe meu jornal dobrado, no lugar da revista, e ficou muito grata, como se acreditasse que, produzindo mais vento, adquirisse a maior eficiência na sua luta contra a morte.[16]

---

15 Idem, p.33.
16 Idem, p.91.

Papéis de prosa

Um procedimento de que Machado se valia, a paródia, também, encontra guarida em Rubem. Além de seu muito conhecido "Ai de ti, Copacabana", o cronista escreveu outros textos parodicamente apocalípticos, como "Sobre o Vento Noroeste" e "História de São Silvestre". Neste, descreve-se uma comemoração às avessas da passagem de ano. Em meio à celebração de alegria, irrompe um corvo, que mata o singelo cuco do relógio de parede e a seguir se faz porta-voz de um vingativo discurso do Ano Velho contra as infundadas e eufóricas expectativas do Ano Novo:

> Eu sou o Corvo saído das catacumbas do Ano Morto. Eu venho do ventre escuro do tempo, eu sou o Corvo do Ano Morto. Rindo, bebendo, bailando beijando-se e dizendo tolices e fazendo votos levianos de felicidade vós tripudiais sobre o cadáver do Ano Morto. Vós tripudiais sobre os vossos próprios cadáveres. Quanta coisa dentro de vós morreu este ano![17]

*

Justifiquemos agora o título desta palestra: "No salão com Rubem Braga". Estamos num salão – Salão do Livro do Piauí, SALIPI. Poder-se-ia estabelecer relação algo paródica com o livro de outra cronista capixaba, autora do best-seller *Na sala com Danuza* [Leão]. A diferença é que ela ensina bons modos, algo que nunca esteve nas cogitações do Velho Urso. Além disso, Rubem Braga é autor de sala e salão porque nunca abriu outro cômodo de sua residência. Não é escritor das intimidades

---

17 Idem, p.81.

de alcova. Em "A casa" (1957), declara: "Porque a casa que eu não tenho, eu a quero cercada de muros altos, e quero as paredes bem grossas e quero muitas paredes, e dentro da casa muitas portas com trincos e trancas; e um quarto bem escuro para esconder meus segredos e outro para esconder minha solidão".[18] Não deseja, evidentemente, a autoexposição. É sintomático que o núcleo familiar que Rubem Braga sempre evoca seja o da infância. Praticamente nunca evoca o núcleo familiar adulto – que ele constituiu, casado, e tendo um filho. Na crônica "Receita de casa" (1946), chega a afirmar: "O que é essencial em uma casa [...] é a sala de visitas".[19]

Mas adentremos outra sala: a de aula. Rubem, mestre na prosa de língua portuguesa, revela-se esforçado aluno de língua estrangeira, em "Aula de inglês" (1945). Em crônica anterior, já revelara desconforto por não dominar outro idioma:

> Mas naquele momento eu estava no estrangeiro, e era obrigado a falar em língua estrangeira, o que é sempre incômodo e ligeiramente humilhante, pois como dizia aquele português, o Teixeira, não há nada mais hipócrita e constrangedor para um homem de bem do que chamar queijo de *fromage* ou *cheese* quando está vendo com toda a clareza que no fundo aquilo é queijo mesmo.[20]

"Aula de inglês" explora, com finos desdobramentos metalinguísticos, o involuntário *nonsense* de mestres que, com o fito didático de ampliar o vocabulário em língua estrangeira de seus

---

18 Idem, p.207.
19 Idem, p.71.
20 Idem, p.67.

alunos, não vacilam, como no caso, em exibir um cinzeiro e perguntar se se trata de um elefante.

O humor decorre de o narrador levar a sério perguntas que não deveriam ser consideradas com qualquer lastro na realidade. Rubem simula crer naquilo que os leitores sabem ser um simples jogo retórico de sala de aula. A professora propõe uma charada: "O que é isso?". O cronista-detetive atua pela eliminação de hipóteses até chegar à verdade de que o objeto à sua frente é um "ash-tray" ("cinzeiro"), não um "elephant", tampouco um "book" ou um "handkerchief" ("lenço"). Nesse último caso, desconhecendo o sentido da palavra, Rubem Braga revela repulsa ao significante, daí associá-lo, de modo fantasioso, a referentes desagradáveis, como "chefe de serviço" e "enxaqueca".

O desfecho do conto/crônica também é irônico. Diante de uma vitrine de cachimbos, devaneia um encontro com o embaixador britânico, a quem exibiria o objeto e diria: "It's not an ash-tray", como se o seu parco vocabulário já fosse suficiente para sustentar "uma longa conversação" com o tal interlocutor.

Num viés metalinguístico, pode-se dizer que "Aula de inglês" explora com leveza e humor a relação do escritor com o mundo-esfinge, a desafiá-lo: "Decifre-me, quem ou o quê eu sou?".

Concluo com referência a duas outras crônicas em que também surgem *handkerchiefs*, isto é, signos cujos significados se ignoram. Elas que demonstram o fascínio de Rubem pelo aspecto lúdico da linguagem. Uma delas é "Mestre Aurélio entre as palavras", em que o escritor comenta a obra *Enriqueça seu vocabulário*, do dicionarista:

> Confesso que não li o livro em ordem alfabética; fui catando aqui e ali o que achava mais bonito [...]. Tive algumas desilusões,

confesso: sempre pensei que trintanário fosse um sujeito mais importante, talvez da corte papal, e mestre Aurélio afirma que é apenas o criado que vai ao lado do cocheiro, na boleia do carro, e que abre a portinhola, faz recados, etc. [...] E sicofanta, que eu julgava um alto sacerdote, é apenas um velhaco. Cuidado, portanto, com os trintanários sicofantas.[21]

A outra crônica intitula-se "Aconteceu na Ilha de Cat", e se refere ao léxico algo bizarro que frequenta os jogos de palavras cruzadas:

[...] as pessoas que fazem palavras cruzadas têm um vocabulário especial, e não apenas um vocabulário como uma História, uma Geografia e todo um tipo de cultura. Para elas as palavras não têm o sentido comum que nós, os leigos, entendemos. [...] A princípio a gente acha difícil – antigo navio de combate é *ram*; filho de Jacó é *Gad*; [...] e – coisa espantosa – luz que emana da ponta dos dedos é *od*; dificílimo, como se vê [...]. No terreno da coreografia, não quebre a cabeça: espécie de dança é sempre *ril*, uma das ilhas Lucaias é exatamente, infalivelmente, *Cat*. [...] e de todo o material de guerra antigo dos turcos só enfrentamos uma flecha denominada *oc*. [...] Enfim, adquiri preciosos conhecimentos e pensei em escrever um conto começando assim: "Na ilha de Cat, [...] ela dançava o ril, e das pontas de seus dedos emanava o od, quando chegou um ram vindo de Or com turcos atirando ocs...".[22]

O resto da história o leitor inventa, depois de retirar a aliá ("fêmea do elefante") da sala.

---
21 Idem, p.314.
22 BRAGA, Rubem. *Pequena antologia*. Rio de Janeiro: Record, 1977, p.94.

Plural de Edla

Há muitas Edlas em Edla. A especialista em arte e diretora de importantes coleções literárias. A tradutora, roteirista e dramaturga. Mas, acima de tudo, a ficcionista que, há anos, vem construindo, com estilo e relevo, uma obra ímpar em nossas letras. Do inaugural *Cio*, de 1965, ao recente *A ira das águas* (2004), seis livros, entre os 25 publicados pela autora, enfeixam sua produção de contos. Uma obra de tal porte já foi objeto de reconhecimento crítico tanto no país quanto no exterior. Com quatro livros traduzidos para o inglês, ganhadora dos prêmios Nestlé e Coelho Neto, da ABL, incansável trabalhadora em prol da difusão da cultura brasileira, Edla van Steen, à margem dos grupos que tentam nortear os caminhos da produção literária, embarca em veredas próprias, fiel a si mesma, e a inarredáveis compromissos de natureza ética e estética. Nos limites de uma breve antologia, e do estreito espaço reservado à sua apresentação, esperamos fornecer algumas pistas para que melhor se compreenda a dimensão de sua obra.

Partamos de duas epígrafes, de, respectivamente, *A ira das águas* e *No silêncio das nuvens* (2001): "Só não existe o que não pode ser imaginado", Murilo Mendes; "As coisas. Que tristes são as coisas, consideradas sem ênfase", Carlos Drummond de Andrade. Pela primeira, destaca-se a primazia da imaginação sobre a mera subserviência aos dados externos, sinônimos de uma captura fotográfica da realidade. A imaginação não atua contra o real, mas, ao contrário, age para flagrá-lo de modo mais denso e inesperado, para desestabilizar a apatia mediante súbitas infiltrações da fantasia cúmplice do acaso. E, para isso, é necessário sacudir a crosta opaca dos dias banais, intuir a fera que dorme sob a superfície plácida da anestesia nossa de cada dia: restituir a ênfase que as coisas novas guardam no bojo, contra as quais nos defendemos com olhos de não ver. E o desassombro em revelar o invisível, ou o semivisível, respalda o compromisso ético em não compactuar com esquemas que maquilem o roteiro para o desencontro e a solidão que margeiam o caminho humano. Compromisso, esclareçamos de pronto, que nada tem de retórico, de altissonante ou moralista, mas que parece girar, sem intervalo e sem resposta, em torno de uma tenaz indagação: por que somos assim? ou ainda: qual o preço de mudarmos? Uma espécie de poética do desconforto subjaz na arquitetura de muitas narrativas. Há escassos sinais de felicidade ou de completude. Pequenos arranjos ou composições mal disfarçam o vazio sobre o qual se erguem. O narrador, em Edla, não se comisera de tantas vidas miúdas que a custo ousam lançar-se para além do perímetro da prudência que a si mesmos impuseram.

Sua estreia com *Cio*, embora saudada por críticos como Leo Gilson Ribeiro e Wilson Martins, ainda não demonstrava a força que emergiria a partir de *Antes do amanhecer* (1977), e os doze anos transcorridos entre uma e outra coletânea revelam uma escritora sem a premência da escrita a qualquer preço e ao menor prazo, e que, depurando seu instrumento, foi até excessivamente drástica na autoavaliação do que até lá produzira, pois permitiu em 1977 o aproveitamento de apenas dois ("Cio" e "A beleza do leão") dos seis contos enfeixados no volume de 1965. O crítico Nelson Coelho destacou em *Antes do amanhecer* o surgimento de "uma escritora maior", não sem antes assinalar a impregnação obsessiva dos temas do sexo e da morte, da morte existencial, morte-em-vida, diríamos, apontando para a dura defrontação com a ausência de sentido no ato de existir. É o que se lê em "O Sr. e a Sra. Martins", um dos mais famosos contos da autora, onde o relacionamento de um casal se urde em torno da cerimônia de visita aos mortos, e da consciência dos cadáveres futuros em que ambos se converterão.

Edla, que tão bem soube fazer aflorar o melhor dos escritores nas duas séries de entrevistas que publicou, em 1981 e 1982, sob o título *Viver & escrever*, sempre foi reticente ou esquiva em colocar-se na berlinda. Por isso, avulta a importância de um depoimento encartado em *Antes do amanhecer*, pista preciosa para compreensão do universo ficcional da autora: "Cada momento de ficção tem sua própria lógica. E descobri-la, trabalhá-la, é que torna surpreendente e fascinante o ofício de escrever". Como prever ou domesticar o susto? Nada mais avesso a modelos prévios ou à redução do fluxo inestancável da vida a teorias que lhe abafem o rumor e a pulsação, o cheiro e os detritos.

Predominam os relatos em terceira pessoa, propícios a que o narrador adentre não apenas os espíritos, mas as vísceras e os humores dos personagens – e de lá retorne encharcado de uma humanidade dúbia, às vezes perversa e algo desesperançada. Mas, para além dos protocolos "realistas" de representação, percebe-se na mestria técnica um certo comprazimento do narrador, como a dizer: isto aqui, além de vida, é ficção – pois no jogo de amar e desamar dos personagens se imiscui o jogo (e o gozo) de armar e desarmar narrativo, desdobrado em inúmeras faces: ora na técnica do puro diálogo, herança, talvez, das experiências dramatúrgicas de Edla, em "As desventuras de João"; ora a vertiginosa mudança de planos, ao jeito cinematográfico, de "A volta"; ora o relato confessional, em primeira pessoa, de "Saudades da vila" – modalidades de enunciação que se multifacetam ao longo do livro. Destaque-se ainda a polifonia narrativa de "Um dia em três tempos", cujo início nos arremete de chofre na estética do desconforto:

> Mal Leonor entrava no edifício sentia aquele cheiro não identificado, de mofo. Tanto podia ser do prédio, como do zelador, um homem velho que não tem a perna direita; em lugar desta, usa uma perna de madeira, em forma de taça, onde apoia o toco da coxa, embrulhado em panos sebentos.

No conto, o narrador se transforma num duplo que desempenha metalinguisticamente o papel de um "autor", a examinar a ficção que o outro/ele mesmo vai tecendo.

Os choques em voltagens antilíricas são constantes, como se o real, necessariamente, se tecesse a partir dos escombros do sonho. Assim sucede com a antiga menina, que reencontra Heitor, sua velha admiração, transformado em afetada caricatura feminina ("Saudades da vila"). Ou em "A visita", em que dois ex-amantes se reencontram, dizem banalidades, e o homem, prosaicamente, pensa *no quanto amava aquele corpo grande e gordo que nem uma trouxa.*

Oito anos após *Antes do amanhecer*, a escritora retorna ao conto com *Até sempre* (1985). A propósito do livro, Walnice Nogueira Galvão observa: "Edla van Steen se deleita em explorar situações turvas, em que o comportamento humano foge às convenções". Se o primeiro título conota premência, urgência ("antes de"), o segundo aponta para espera e paciência ("até sempre"). E, de fato, longas esperas se sucedem na obra: a da filha, que aguarda 30 anos até um patético e insólito reencontro com a mãe à beira da morte ("A visita"); a das mulheres adultas, que retornam para um ajuste de contas com a infância, tanto em "Até sempre" quanto em "Lembranças no varal: a roda". O passado não é o que passa, e sim o que, em seus efeitos, perdura — até sempre. Traumático é, a partir disso, supor que ele se confunda com um presente, que, a rigor, já o desalojou do palco, para mantê-lo (vivo embora) na subcena da memória. É o que se passa no belo "CAROL cabeça LINA coração", com seus discursos paralelos, centrados nas reações do homem e da mulher, que atribuem sentidos e desejos divergentes (ruptura versus reconciliação) quanto ao que fazer frente às lembranças de uma convivência interrompida. Muito bem construído em recurso contrapontístico, esse texto divide com outro um grau de apurado domínio técnico: referimo-nos a "A Bela Adormecida", com sua sutil superposição de temporalidades, que enreda (sem confundir) o leitor, a partir do primeiro pacto (ou impacto) narrativo — Heloísa, recém-morta, descreve o próprio velório, e, enquanto rememora episódios mais ou menos recentes que a envolvem com os personagens circunstantes, é, por seu turno, alvo de um relato em terceira pessoa, que, em *flashbacks*, transforma a então narradora em personagem, flagrando-a desde a infância. Numa piscadela cúmplice, Edla dedica o conto a outra "Carol", a escritora norte-americana Joyce Carol Oates, sua contemporânea (menos de dois anos as separam) e, como Edla, também autora de romances, contos, peças teatrais e ficção infanto-juvenil. Estrearam praticamente no mesmo ano e desenvolveram temáticas afins. Trata-se do único autor estrangeiro a quem a brasileira dedicou um conto.

Lemos, nas sequências 11 e 12 de "A Bela Adormecida": "O cheiro das plantas me traz uma saudade antiga"; "As velas queimam inflexíveis, há um quê de deterioração nas pessoas". Evocando contextos agradáveis ou repulsivos, os signos olfativos povoam o universo da autora. Mofo, suor ou perfume — o mundo é um corpo que exala, e o olfato, um sentido considerado menos nobre, se incrusta várias vezes no âmago das tramas, chegando inclusive a nomear a coletânea seguinte: *Cheiro de amor*, de 1996. Onze anos a separam da obra precedente, e o aspecto de imediato perceptível é a maior extensão das narrativas, apenas oito em 211 páginas, uma delas (a que dá título ao livro), como observou Lauro Junkes, "que se abre para estrutura de novela, devido ao vasto entrecruzar de destinos", e a uma divisão em doze capítulos, complementaríamos, para segmentar a extensa massa textual. Se em "Rainha-do-abismo" o emprego do diálogo parece chegar ao ápice (a rigor, trata-se quase de um texto teatral, pontuado por discretíssimas intervenções do narrador), o conjunto dos contos obedece a um padrão mais convencional de relato, o que não implica menor qualidade. A esse respeito, leiam-se os pungentes "O erro" e "Nada a lastimar", tanto mais intensos em sua perturbadora crueza quanto mais o narrador se distancia de um sentimentalismo que poderia traduzir-se numa adesão piedosa à dor dos personagens. São textos simultaneamente próximos e distantes entre si. Próximos porque neles se fala de uma morte desejada, e distantes porque apenas no segundo a tentativa chega, se assim ousamos dizer, a bom termo. "O erro" nos conduz da juventude à decrepitude da personagem, que entrevê na morte a saída para sua crônica velhice anunciada, mas falha (daí o título) na dosagem suicida. No outro conto, a perda do companheiro leva o personagem à busca da mesma saída, mas na dose certa. Frente a essas duas duras narrativas, o leitor acaba sem saber o que seja mais terrível: a morte ou o fracasso em atingi-la.

Não há nada de especialmente dramático que conduza a vida das personagens à infelicidade – e esse é o drama. Houvesse alguma razão objetiva, e sempre se poderia culpar o destino, desculpabilizando-nos diante dele. Mas perceber que a corrosão está em nós, na insensibilidade infiltrada em nossa contabilidade do cotidiano, eis algo que remete para situações sufocantes, para sentimentos ressentidos e ressecados, onde a encenação do afeto é a moeda barata que os seres negociam para suportarem o insuportável de si próprios e dos outros. Atente-se, em *No silêncio das nuvens*, para os exemplares "Bodas de ouro" e "A vingança". Para David S. George, o primeiro desses contos "constitui uma meditação sobre a velhice e a morte, a impossibilidade de nos livrarmos do passado". A protagonista Lara "olha os filhos e os netos [...] sem emoção", e, durante as comemorações do aniversário de casamento com um homem a quem não ama, "olha para o marido, mas não o vê". Apaixonada por outro, acaba optando pela previsível segurança de uma família já constituída – até o desfecho em que, para além da fronteira da vida, o desejo, transgressor, volta a manifestar-se. Se algum alento e doçura se desenham nesse reencontro póstumo, em "A vingança", por seu turno, o tom tangencia o caricato na construção da figura paterna. Vida e morte de um pai quase sempre ausente são narradas com distanciamento e ironia, que relevam no personagem seus aspectos menores e mesquinhos, como a avareza e a dificuldade em externar afeto pela filha. A personagem paterna marcada pela ausência é, aliás, tópico recorrente na ficção de Edla van Steen. Recordemos, do livro anterior, o devaneio da protagonista de "O erro", quando, pretensamente à beira-morte, recupera imagens infantis:

> [...] começo a tomar os comprimidos. Era tudo o que eu queria: o sono eterno. Curiosamente, vejo meu pai, montado a cavalo, correndo. Ele se distancia, se distancia.

Ou, no mesmo livro, em "Faz de conta", a inútil verbalização de um desejo: "Um homem, meu pai, se é que ele gostava de mim, viria me salvar".

Esse olhar endurecido dirigido ao âmago das relações familiares, a reboque do aparato de hipocrisias que as sustentam, se transforma em comovida empatia para com os excêntricos, os desajustados e os marginalizados, dentro ou fora do âmbito doméstico: basta ler, por exemplo, "Mãe e filho", de *A ira das águas*, em que um menino fronteiriço da normalidade psíquica é inundado de compreensão e de amor materno. E ainda "Mania de cinema", onde o cotidiano ganha vigor e valor metafórico, nas aproximações que a protagonista efetua entre seus amantes e diversos astros da tela: maneira de atender, via devaneio, a fome simbólica que a rotina é incapaz de suprir. Por isso, talvez, contra o insípido (ou inóspito) cotidiano, Edla acione com tanta ênfase a tecla do esquecimento: não para patinar no vazio da vida, mas para preenchê-lo com outras histórias, que a imaginação costura no ponto preciso em que a memória se esgarçou. Em "A Bela Adormecida", indagava a personagem: "Que raio de memória é esta, que em vez de marcar acontecimentos reais, anotou alucinações?". Ainda bem — acrescentamos. Em "Amor pelas miniaturas" (de *No silêncio das nuvens*), a narradora Gilda sofre exatamente por não ter a capacidade (ou a sabedoria) de esquecer, e comemora, ao final do texto, os primeiros sinais de enfraquecimento mnemônico: "Até que enfim estou me livrando de todo aquele lixo de informações inúteis". Ao elaborar personagens, na maioria das vezes, em situações afetivas não resolvidas, com fissuras e ressentimentos, a ficção de Edla confere à memória um papel que tiraniza seu possuidor, levando-o a remoer remorsos e impasses ao longo da existência. É o caso de "Nojo", que materializa uma vingança — cevada por quase meio século — de uma desilusão amorosa, com um desdobramento que confirma as palavras do escritor Deonísio da Silva: "a narradora não despreza o que é essencial para os contistas: a surpresa do desfecho". Leia-se, também, "Ela e ele", onde a emergência de outra espécie de memória — a eletrônica, arquivada num computador — desencadeia imprevistos rumos à história, contestando ou contradizendo as expectativas da memória "humana" da personagem.

Os romances e os contos de Edla van Steen compõem um conjunto que se integra ao que de mais consistente a narrativa brasileira produziu nas últimas décadas. Dominando a técnica, mas colocando-a a serviço do aprofundamento de algumas das questões fundamentais do ser humano, a força ficcional de Edla provém do fato de que nela não há espaço para virtuosismo ou para floreios decorativos de painéis bem desenhados, mas anódinos. Sua ficção procura o nervo da vida, pois, como afirma certo personagem, move-lhe o desejo não de pintar a paisagem, mas de estar dentro dela – no mesmo passo arrastando-nos a nós todos, seus leitores.

Três discursos

A interminável música

> Como os poetas que já cantaram,
> e que já ninguém mais escuta,
> eu sou também a sombra vaga
> de alguma interminável música.
>
> Cecília Meireles

Agradeço a todos os membros da Academia Brasileira de Letras que me honraram com seu voto, possibilitando que eu acedesse a esta Casa para nela ocupar a cadeira de número 19. Agradeço também àqueles que, manifestando outra opção no pleito do dia 3 de junho, igualmente contribuíram para chancelar os procedimentos regimentais das sucessões acadêmicas.

A cadeira 19 figura entre as poucas a jamais haverem sido ocupadas por um escritor preponderantemente voltado à ficção ou à poesia. Não obstante, fui buscar a epígrafe deste discurso num poema de Cecília Meireles, ganhadora póstuma do Prêmio Machado de Assis, da ABL, em 1965. Versos que, se de um lado, com resignado lamento, parecem confinar os escritores à contingência de uma "sombra vaga" "que ninguém mais escuta", por outro nos alçam à condição de elos necessários a "alguma interminável música". Ainda que não alocados no pódio de solistas, participamos de um concerto para muitas vozes – e talvez seja esta uma das mais nobres missões da Academia: convocar à vida os nossos mortos, despertar contra o esquecimento as palavras represadas no sono dos livros, fazê--las fluir para que venham integrar-se à "interminável música" da literatura.

O fundador da cadeira 19 foi Alcindo Guanabara, que escolheu como patrono Joaquim Caetano da Silva. Dom Silvério Gomes Pimenta ocupou a vaga de Guanabara, e foi sucedido por Gustavo Barroso. A Gustavo Barroso seguiu-se Antônio da Silva Melo, substituído por Américo Jacobina Lacombe. O sucessor de Lacombe foi Marcos Almir Madeira.

Cada um desses nomes se relacionou de modo bastante peculiar com o universo das letras, dificultando uma pretensão de todo novo acadêmico: a de lastrear um fio condutor que o destino porventura houvesse tramado para enlaçar com alguma coerência pessoas e obras de natureza tão díspar. Ainda assim, examinando a bibliografia do patrono e a do derradeiro ocupante, e tentando aproximar essas extremidades cronológicas da cadeira, pude constatar entre Joaquim Caetano e Marcos Almir ao menos uma clara convergência, sobre a qual falarei no final do discurso.

Duas vias se franqueiam a quem estude a produção dos acadêmicos: uma, abastecida em fontes primárias, na prospecção direta de suas biobibliografias; outra, que não exclui a anterior, baseada no conhecimento dessas vidas e obras já no âmbito da própria dinâmica sucessória, ou seja: nas análises que os novos titulares foram consecutivamente formulando a propósito dos membros que os precederam. Além de se marcarem como ritual de passagem, os discursos revelam não só os valores pelos quais um acadêmico é acolhido, mas também a releitura que o recém-ingresso opera do legado cultural de sua cadeira. Nessa operação podem ocorrer deslocamentos de hierarquias e de prioridades. O que hoje se minimiza na avaliação de um escritor talvez seja exatamente o aspecto que amanhã nele mais se releve. Passaremos a ler, portanto, outro autor, que, do antigo, conserva o nome, mas é dele diverso ou até antagônico. Por existirem camadas potenciais de sentido na obra literária, cada época irá trazer à tona aquelas que mais lhe digam respeito, como espelho em que verá impressa a própria face.

A escolha dos intelectuais que compuseram o primeiro conjunto acadêmico, como observou Joaquim Nabuco, efetuou-se através de um amplo consenso interpares, e não mediante candidaturas avulsas; tal processo de constituição, seguramente, ainda terá sido preferível ao estabelecimento da imortalidade por meio de ato do Executivo. Igualmente pelo livre arbítrio do quadro inicial de membros procedeu-se à indicação dos patronos, recrutados entre escritores mortos e, em boa proporção, de reconhecido mérito. Portanto, os fundadores, antes de serem, eles próprios, sucedidos no fluxo do tempo, desfrutaram da rara oportunidade, num viés quase borgiano, de gerar quem lhes antecedeu. Os patronos forneceram séculos de passado a uma Academia com meses de vida.

Nem patronos nem fundadores foram alvo de saudação acadêmica individualizada. Assim, uma sessão que comportasse o elogio do antigo ocupante só poderia forçosamente ocorrer quando da primeira substituição de um fundador, celebrada em 30 de novembro de 1898. O eleito, João Ribeiro, assumiu a vaga de Luís Guimarães Júnior e foi recebido por José Veríssimo. Naquela noite, inaugurou-se a cerimônia das orações de posse e resposta, desencadeando-se o protocolo discursivo que até hoje vigora, reiterado nas 181 recepções subsequentes à admissão de Ribeiro.

Da herança de Joaquim Caetano da Silva, patrono da cadeira 19, quase nada se encontra à disposição do leitor de hoje. Sua única imagem corrente, acessível na página eletrônica da Academia, revela um homem de ar austero, em tudo consoante ao retrato que faríamos de um fiel e probo funcionário do Segundo Reinado. Nasceu em Cerrito (atual Jaguarão), Rio Grande do Sul, em 2 de setembro de 1810. Dos 16 aos 27 anos morou na França, onde, se graduou em Medicina. Retornando ao Brasil em 1838, ei-lo professor de Português, Retórica e Grego do Colégio de Dom Pedro II. No ano seguinte, já se tornaria reitor da instituição, tendo nela implementado, em 1841, uma pioneira reforma curricular, com ênfase na área das humanidades.

Especialista em Geografia, disciplina que elevou à categoria de ciência na grade do ensino colegial, Joaquim leu em 1851, diante do imperador Pedro II, uma "Memória sobre os limites do Brasil com a Guiana Francesa". No mesmo ano, ingressou na carreira diplomática, como encarregado de negócios na Holanda. Em 1853, na cidade de Haia, participou das tratativas dos limites brasileiros com Suriname. É de 1861 sua obra principal, redigida em francês: *L'Oyapoc et l'Amazone*, onde retoma e aprofunda, num alentado estudo com mais de um milhar de páginas, as argumentações da "Memória" de dez anos antes. Em 1900, o Barão do Rio Branco, apoiado nos subsídios de Caetano da Silva, terminaria por obter, num foro internacional, a vitória que selaria em definitivo o conflito de nossas fronteiras com a Guiana Francesa.

Na condição de inspetor geral de Instrução Pública, Joaquim Caetano criticou, num relatório de 1863, a qualidade do ensino brasileiro, denunciando que "o aparato era grande, grande era também a despesa e o resultado pequenino". Foi membro do Instituto Histórico e Geográfico do Brasil. Entre 1869 e 1873 dirigiu o Arquivo Nacional, então denominado Arquivo Público do Império. Faleceu em Niterói, no dia 28 de fevereiro de 1873. Seus restos mortais, no entanto, não repousam em solo fluminense, no cemitério de Maroí, Niterói, onde Caetano foi sepultado. Encontram-se na Fortaleza de São José de Macapá, em urna abrigada pelo Museu Histórico Joaquim Caetano da Silva – justa reverência àquele que ajudou a incorporar ao território brasileiro uma zona litigiosa, hoje parte integrante do estado do Amapá. A gratidão do Brasil para com o geógrafo e diplomata materializou-se ainda num decreto do Executivo, de 15 de junho de 1959, pelo qual foi concedido crédito de 15 milhões de cruzeiros para a Comissão do Monumento a Joaquim Caetano da Silva, a ser erigido em Macapá. Seu nome foi atribuído a uma avenida no centro do Oiapoque, e, no berço gaúcho, a uma Sociedade Cultural. Parodiando o clichê, podemos dizer que as homenagens a Caetano se estendem do Oiapoque ao... Jaguarão. Mas é forçoso constatar que o importante papel por ele desempenhado nas áreas da educação e da diplomacia permanece insuficientemente reconhecido. A razão para isso talvez consista no fato de que o mármore, o cimento e o bronze não são os melhores materiais para imortalizar um escritor. O grande monumento que se pode erguer à sua memória é de natureza mais modesta e frágil, cabe na palma da mão. Esse monumento, que em sua precariedade física se sobrepõe a todos os outros, chama-se livro. E o maior tributo que se presta a um autor consiste em repô-lo sem cessar na vida, através das reedições que o fazem perpetuamente contemporâneo de novos leitores.

Ao contrário do patrono, discreto funcionário na órbita do poder imperial, Alcindo Guanabara, nascido em Guapimirim, Magé, estado do Rio, em 19 de julho de 1865, destacou-se como jornalista imerso com desassombro nas grandes questões nacionais, por ele retratadas de forma candente e partidária. O risco de tal procedimento reside no fato de que, pela ausência de salvaguarda crítica, o ímpeto ao partidarismo compulsório pode induzir-nos a embarcar na plataforma errada. Guanabara, declarando-se hostil à abolição da escravatura, acabaria tomando o trem no sentido oposto ao da História. Certa inconstância na escolha da plataforma, aliás, parece marcar a trajetória desse nosso publicista, fornecendo-nos a imagem de um indivíduo versátil, antes propenso a transigências eventuais do que propriamente defensor de convicções irremovíveis. A fama dessa flexibilização de valores remonta, provavelmente, ao famoso episódio em que Alcindo, instado, às vésperas da Semana Santa, a escrever editorial sobre Jesus, teria arguido: "A favor ou contra?". Não sendo, talvez, verdadeira, a anedota propagou-se, por verossímil. Em prol de Guanabara circulou a atenuante de que não formulara a pergunta movido pela cobiça de propina em caso de defesa ou ataque à figura divina, e sim pelo desejo de evitar atritos com José Carlos Rodrigues, proprietário do jornal e seguidor do protestantismo anabatista.

Antes de abraçar o jornalismo, Alcindo deixou inconclusa a Faculdade de Medicina. Trabalhou como inspetor no Asilo dos Menores Desvalidos e como faxineiro na *Gazeta da Tarde*, de José de Patrocínio, onde travou contato com Raul Pompeia e Luís Murat. Num dia em que a redação estava em greve, redigiu sozinho todas as matérias do jornal, conquistando, no mesmo passo, a admiração de Patrocínio e o emprego na folha. Defendeu com vigor a causa abolicionista, mudando de opinião aos 22 anos, quando, após romper relações com José do Patrocínio, passou a dirigir a folha escravagista *Novidades*. Em artigo estampado dois dias após a promulgação da Lei Áurea, justificava seu ponto de vista, argumentando que a extinção da escravatura desencadearia incontrolável convulsão social:

> Nós gastamos boa parte da nossa atividade fazendo sentir que a abolição radical devia trazer consequências funestíssimas ao país; e agora que ela está feita pela pior das maneiras, seremos talvez o único jornalista que assim pensa! mas pensamos que essas consequências serão inevitáveis e fatais.

Posteriormente, sem ambiguidades, engajou-se na causa republicana, trabalhando no *Jornal do Commercio* e no *Correio do Povo*. Deputado na Constituinte, reelegeu-se em 1894, na segunda legislatura republicana. Três anos depois, seu nome, bem como os de José Veríssimo e José do Patrocínio, constaria de um documento em apoio a Cuba, no turbulento período em que o país caribenho lutava pela consolidação de sua independência. Ainda em 1897, Alcindo, opondo-se a Prudente de Morais, recebeu a pena de confinamento na ilha de Fernando de Noronha, de onde saiu graças a *habeas corpus* impetrado por Rui Barbosa. Guanabara persistiu na oposição com o jornal *A Tribuna*, fundado em 1898. Transformou-se em voz situacionista na presidência de Campos Sales (1899-1902), quando criou *A Nação* e colaborou em *O Dia*. Ocupou o cargo de redator-chefe de *O País*, até 1905. Fundou *A Imprensa*, onde liderou a campanha por Pinheiro Machado. Eleito para o Senado, morreu no dia 20 de agosto de 1918, alguns meses após o início da legislatura.

A relação (não-exaustiva) de tantos títulos de periódicos em que Alcindo Guanabara atuou fornece um pouco da dimensão superlativa de sua figura no meio jornalístico do país. Para melhor lhe dimensionarmos a importância, basta dizer que na *História da imprensa no Brasil*, de 1967, Nelson Werneck Sodré, num impressionante índice onomástico, arrola nada menos do que 1940 nomes; desses, apenas 13 são citados 20 ou mais vezes; Alcindo Guanabara é um deles. Foi, aliás, precisamente em louvor ao poder da imprensa que Alcindo escreveu uma de suas mais vibrantes páginas, publicada em *O País*, de 3 de novembro de 1904:

> É graças a ela [imprensa] que o pensamento se liberta, que o espírito humano se emancipa de preconceitos [...], que a prepotência dogmática se atenua e que o livre exame surge, como alicerce e fundamento de uma nova moral social [...]. O panfleto, clandestino e anônimo, é ainda uma arma de rebelião; o jornal só vive numa atmosfera de liberdade.

Estampava a manchete do jornal *A Razão*, no dia seguinte à morte de Alcindo: "Uma perda insubstituível no nosso patrimônio moral. O falecimento do maior dos jornalistas brasileiros". A matéria detalhava:

é sobretudo como jornalista que o nome de Alcindo Guanabara se perpetuará na nossa história. A sua pena maravilhosa representava, por si mesma, o próprio jornal, porque produzia tudo de quanto ele precisasse, desde o artigo de fundo até ao noticiário de polícia.

Curiosamente, nem *A Razão*, nem *A Notícia*, tampouco o *Jornal do Commercio* sublinharam o fato de Guanabara ter pertencido aos quadros da Academia Brasileira de Letras, preferindo reverenciá-lo como um grande jornalista subtraído pelas lides políticas, e lamentando que a atividade parlamentar houvesse, já há alguns anos, abafado o escritor em prol do deputado. Alcindo Guanabara tornou-se nome de colégio estadual, de rua, e já o foi de sua cidade natal, que voltou a chamar-se Guapimirim.

A produção de Alcindo encontra-se resgatada, ainda que parcialmente, graças a uma iniciativa do Senado Federal, que republicou em 2002 – um século após a edição original – o livro *A presidência Campos Sales*. Apesar de Guanabara proclamar-se, orgulhosamente, jornalista, é inegável que se sobreleva uma dimensão literária, no sentido estrito, em alguns textos de sua lavra, a exemplo da conferência "A dor", pronunciada em 1905. As conferências sobre temas abstratos ou genéricos, aliás, estiveram em grande voga no início do século XX. Vários membros da Academia aderiram à atividade, que, ao que consta, era bem remunerada e visava sobretudo ao público feminino. Citemos, entre as contribuições mais destacadas, as de Olavo Bilac, com as *Conferências literárias*, de 1906; de Medeiros e Albuquerque, cujos *Pontos de vista* vieram a lume em 1913; e de Coelho Neto, autor de *Falando*, de 1919.

Alcindo Guanabara proferiu o elogio fúnebre de Machado de Assis na Câmara, em 1908. De seu elogio póstumo e acadêmico incumbiu-se o sucessor, arcebispo dom Silvério Gomes Pimenta, empossado em 28 de maio de 1920. Se Guanabara já fora controverso em vida, continuou a sê-lo em morte. A recepção a dom Silvério ficou a cargo de um desafeto do falecido jornalista: o escritor Carlos de Laet, monarquista e católico. Dom Silvério, elegantemente, realçara as qualidades do antecessor e ainda tentara localizar, em seus escritos, declarações ou indícios que lhe contradissessem a arraigada fama de ateu. Mas Laet, polemista de verbo afiado e verve ferina, insinuou, com demolidora ironia, tratar-se de um curioso caso de conversão religiosa *post-mortem*, e, omitindo o nome de Alcindo, destilou toda a causticidade do famigerado episódio do "a favor ou contra Jesus Cristo".

Dom Silvério, nascido em Congonhas do Campo em 12 de janeiro de 1840, tornou-se não apenas o primeiro prelado a ingressar na Academia, mas também, em 1890, o primeiro sacerdote consagrado bispo na vigência do regime republicano. Negro, de família humílima, órfão de pai aos 4 anos, foi caixeiro e sapateiro. Estudou graciosamente em escolas religiosas. Aos 16 anos já ministrava aulas de Latim; algum tempo depois, dedicou-se igualmente ao magistério de Filosofia e História Universal. Na docência do Latim, teve entre seus alunos Augusto de Lima, futuro membro da Academia Brasileira de Letras.

Na bibliografia que deixou, destaca-se, de 1876, a *Vida de dom Antônio Ferreira Viçoso, bispo de Mariana e conde da Conceição*. Dom Antônio ordenara Silvério Gomes Pimenta na cidade de Sabará, em 1862, e seria um de seus antecessores no bispado de

Mariana. Em 1906, o papa Pio X elevou a diocese da cidade à categoria de arquidiocese. Dom Silvério, à época o nono bispo de Mariana, transformou-se, assim, no seu primeiro arcebispo. Sua obra, cujo padrão estilístico é comparado ao de frei Luís de Sousa, não foi contemplada com reedições, e tornou-se de difícil acesso, quer em alfarrabistas, quer em bibliotecas públicas ou particulares. Todavia, a devoção ao arcebispo foi bastante para perpetuar-lhe a memória numa cidade mineira, a antiga Saúde, situada na Zona da Mata, e que desde 17 de dezembro de 1938 se denomina dom Silvério. Outro registro a não se negligenciar é o da viagem que, em 1919, Mário de Andrade realizou a Mariana. Além de protagonizar um célebre encontro com Alphonsus de Guimaraens (poeta que, certamente, mereceria ter figurado entre os membros da Academia), Mário também visitou o arcebispo.

Menos de 24 meses ocupou dom Silvério a cadeira 19. Falecendo em 30 de agosto de 1922, foi sucedido em 7 de maio de 1923 por Gustavo Barroso, de 34 anos. Apesar de jovem, Barroso já se havia candidatado à Academia em diversas ocasiões. Sua vitória na quarta tentativa, além de premiar-lhe o tenaz temperamento, representou o reconhecimento acadêmico a uma trajetória inegavelmente precoce e operosa.

Nascido em Fortaleza, no dia 29 de dezembro de 1888, bacharelou-se em Direito no Rio de Janeiro em 1911. A partir de então, e até 1913, foi colaborador do *Jornal do Commercio*. Aos 23 anos, estreou em livro com *Terra do sol*, que versa sobre paisagens e costumes do sertão cearense. Nesta que, para muitos, é sua melhor obra, assinou-se "João do Norte".

Ainda está por ser feito um levantamento que dê conta dos inúmeros "Joões" (e alguns "Josés") sob os quais, nas primeiras décadas do século XX, se ocultavam os verdadeiros nomes dos autores. Houve pseudônimos para todos os gostos e regiões: João do Rio, de Minas, do Sul; João das Regras e João dos Gatos. O português João Grave, que escrevera *Gente pobre – cenas da vida rural*, mereceu do brasileiro José da Costa Sampaio, autor de *Gente rica – cenas da vida paulistana*, uma dedicatória que se tornou antológica pelo fato de Sampaio tê-la subscrito com seu nome literário: "A João Grave, oferece José Agudo".

Antes do ingresso na Academia, Barroso atuou, sucessiva ou simultaneamente, como professor da Escola de Menores; secretário do Interior e da Justiça do Ceará; redator da revista *Fon-Fon*; deputado federal pelo Ceará. Além disso, no que se constitui talvez em seu maior legado, foi o idealizador do Museu Histórico Nacional, que dirigiu (com pequenas interrupções) desde a fundação, em 1922, até falecer, no dia 3 de dezembro de 1959.

Ao assumir a cadeira 19, já havia publicado 15 livros, e seu intenso ritmo de produção o fez atingir, em 1959, a espantosa cifra de 128 títulos. Gustavo Barroso foi um polígrafo, na plena acepção do termo: escreveu romances, contos, poemas, ensaios, biografias, memorialismo, lexicografia, textos sobre folclore, museologia, história e política. Sua faceta política, decerto, é a mais polêmica, em decorrência do antissemitismo que dela transpira. Na década de 1930, foi ostensiva a participação de Barroso na ação integralista, onde se situava como o segundo nome do movimento, abaixo apenas do líder Plínio Salgado. Várias obras do período, da autoria de Barroso, concorreram para a divulgação e a apologia da doutrina. Na biografia elaborada por seu sucessor acadêmico, Antônio da Silva Melo, ressalta-se a incontida atração de Gustavo, desde a infância, pela vida militar e pelos princípios do comando e da autoridade. Mas, aceitando-se ou não a premissa de que no menino estaria o homem, deve-se por justiça reconhecer que sua vida, ensombrecida embora pelo equívoco do preconceito racial, não pode a ele ser reduzida. Quando aderiu ao integralismo, em sua vertente mais áspera, Barroso já se notabilizara por uma série de realizações como homem público e escritor. Foi um dos pioneiros no reconhecimento do valor cultural e literário dos cantadores nordestinos. Com Ribeiro Couto, fundou, em 1932, a Editora Civilização Brasileira. Em 1934, ministrou o primeiro curso de museologia do país, no Museu Histórico Nacional, instituição pela qual incansavelmente se bateu, dedicando-se à preservação da memória de um país acusado de desprezá-la. Igualmente profícuo foi o trabalho de Gustavo Barroso nos seus 36 anos de atuação acadêmica. Duas vezes presidente da Casa, em outras ocasiões secretário ou tesoureiro, já em 1923, recém-admitido, lhe fora atribuída uma delicada missão, da qual se desincumbiu com êxito: administrar a transferência da sede da Academia, do Silogeu Brasileiro para o prédio do Petit Trianon.

Próximo ao fim da existência, voltou-se, ternamente, para a Fortaleza natal, escrevendo, em 1957, a letra do hino da cidade:

> No esplendor das manhãs cristalinas
> Tens as bênçãos dos céus que são teus
> E das ondas que o sol ilumina
> As jangadas te dizem adeus
> [...]
> Onde quer que teus filhos estejam,
> Na pobreza ou riqueza sem par,

Com amor e saudade desejam
Ao teu seio o mais breve voltar.

Porque o verde do mar que retrata
O teu clima de eterno verão
E o luar nas areias de prata
Não se apagam no seu coração.

Vida e obra de Gustavo Barroso foram minuciosamente descritas por Antônio da Silva Melo, na oração de posse, realizada em 16 de agosto de 1960. Para se ter uma ideia da exaustividade da pesquisa, basta dizer que no volume XVII dos *Discursos acadêmicos* seu texto se estende por 104 páginas, das quais cerca de uma dezena dedicada a patrono e primeiros ocupantes, e nada menos do que 90 ao antecessor. Consta ter sido o segundo mais longo discurso de toda a história da Academia, suplantado apenas pelo de Álvaro Lins. Silva Melo o pronunciou em versão condensada, porque, apresentado na íntegra, demandaria cerca de quatro horas de leitura.

A oscilação pendular entre jovens e idosos manteve-se, na cadeira 19, com a eleição de Antônio. Ele, aos 70 anos, substituía Gustavo Barroso, que entrara com 34, que substituíra dom Silvério, que entrara com 80, que substituíra Alcindo Guanabara, que entrara com 32.

Silva Melo nasceu em Juiz de Fora, no dia 10 de maio de 1886. Temperamento inquieto, curiosíssimo, voltou-se desde a adolescência para a área médica, e logo demonstrou insatisfação com a má qualidade do ensino de Medicina no país. Decidiu prosseguir os estudos na Alemanha. Em 1916, defendeu, em Berlim, tese intitulada "A influência do tório X sobre o sangue". Especializou-se em clínica médica. A experiência mais dramática de sua vida provavelmente terá sido a de um naufrágio, quando o navio em que viajava de regresso ao Brasil foi torpedeado no Mar do Norte. Antônio salvou-se, mas tudo o que trazia – uma vasta biblioteca, seu laboratório, vários trabalhos inéditos – foi literalmente por água abaixo. Impedido de retornar à Alemanha, devido à deterioração das relações teuto-brasileiras na I Guerra Mundial, acabou permanecendo por mais dois anos na Suíça. Retornou ao Brasil em 1918. Foi aprovado em concurso para catedrático de Clínica Médica na então Faculdade Nacional de Medicina do Rio de Janeiro. Aprofundou-se na área da nutrição e desenvolveu inúmeros estudos sobre as consequências da radioatividade no organismo humano. Deve-se a ele a divulgação dos efeitos benéficos das areias negras e monazíticas de Guarapari, região que frequentou nos anos de 1930, e a que consagrou artigos de grande sucesso, publicados em *O Cruzeiro*, no *Jornal do Brasil* e no livro *Guarapari, maravilha da natureza*, de 1971. Nessa cidade, em preito de gratidão, Silva Melo é hoje nome de escola e de rua.

Passando das areias monazíticas da praia às areias metafóricas da ampulheta do tempo, permito-me incluir, aqui, um pequeno excurso de natureza sentimental e autobiográfica. A vida me reservou a extraordinária felicidade de contar com a presença, na cerimônia de hoje, de meus pais, Sives e Regy, que se conheceram na década de 1940 no balneário de Guarapari, tão louvado por meu antecessor. O primeiro mar que vi foi o da praia espírito-santense de Marataízes. Homenageio assim, por extensão, o estado do Espírito Santo, em que, por casualidade, não nasci, mas onde aprendi a ler e iniciei, fascinado, a viagem na direção da escrita e da leitura – nessa mesma terra capixaba que mereceu de um crítico severo, Osório Duque-Estrada, no livro *O norte*, de 1909, um fulminante juízo: "Não há literatos nem cultores da arte no estado do Espírito Santo". Quatro anos após o drástico veredito, nasceria, em Cachoeiro de Itapemirim, aquele que seria aclamado como o maior cronista do país: Rubem Braga.

Silva Melo fundou, em 1944, e dirigiu até o fim de seus dias – morreu no Rio, em 19 de setembro de 1973 – a *Revista Brasileira de Medicina*. Citam-se, entre seus principais livros, *O homem – sua vida, sua educação, sua felicidade*, de 1945; *Mistérios e realidades deste e do outro mundo*, de 1948; *Nordeste brasileiro*, de 1953; *Estados Unidos – prós e contras*, de 1958; *Estudos sobre o negro*, de 1958 e *A superioridade do homem tropical*, de 1967. A observar, em sua obra, a ênfase positiva atribuída à etnia negra e à cultura mestiça e tropical do brasileiro. Ainda que supervalorizando aspectos do instinto e da constituição física do homem dos trópicos, a posição de Silva Melo não deixa de ser bastante provocativa, a ponto de podermos interpretá-la como a trincheira bio-antropológica do discurso histórico-sociológico de Gilberto Freyre. Essas afinidades, aliás, já foram salientadas pelo cientista social Gilberto Vasconcellos, num simpático perfil que traçou de meu antecessor:

> [...] foi o crítico da ideologia do colonialismo na esfera da medicina, ideologia essa que calunia o sol, o trópico e o homem mestiço. Ele negou peremptoriamente a tese equivocada de que o calor ou o clima quente seja um fator desfavorável à cultura e ao desenvolvimento da inteligência.

Esse traço contestador reflete-se em muito do que escreveu. O título de uma de suas obras – *Estados Unidos, prós e contras* – fez alguns leitores pensarem que ele se havia esquecido de encaminhar à gráfica o capítulo dos "prós".

Silva Melo dedicou-se a uma pormenorizada investigação acerca dos mistérios deste e do outro mundo, para concluir que em nenhum dos mundos havia mistério algum. Américo Jacobina Lacombe, que o sucedeu na cadeira 19, não deixou de registrar no discurso de posse que, apesar do espírito incrédulo de seu antecessor, patente na exaltação da ciência como única via da verdade, Antônio poderia servir de comprovação a um axioma de Elisabeth Leseur, segundo o qual não haveria ateu lógico. Para corroborar a afirmativa, Lacombe leu um trecho do livro mais conhecido de Silva Melo, *O homem*:

> Fui invariavelmente levado à convicção de que os fantasmas não existem e que, portanto, não me devem amedrontar. Mas, apesar disso, continuo a ter medo deles. [...] Por essa simples razão nunca ousei dormir sozinho numa casa isolada, ou mesmo num quarto afastado de outros habitados. Eis a situação em toda sua ridícula simplicidade.

Américo Jacobina Lacombe assumiu a cadeira de Antônio da Silva Melo em 2 de julho de 1974, a cinco dias de completar seu sexagésimo-quinto aniversário. Nascido no Rio de Janeiro, cresceu no interior de um estabelecimento de ensino — o célebre Jacobina —, mas a saúde frágil o levou a prosseguir os estudos em Belo Horizonte, onde conheceria João Guimarães Rosa. Regressou ao Rio, concluindo, em 1931, a Faculdade de Direito, sem que jamais viesse a exercer a advocacia. Professou por toda a existência a religião católica. Frequentou o Centro Dom Vital, tornando-se amigo de Jackson de Figueiredo e do padre Leonel Franca. Com Alceu Amoroso Lima e outros intelectuais, foi um dos mentores do projeto de criação, no Rio de Janeiro, da Pontifícia Universidade Católica.

Eram nítidas, em Lacombe, as vocações para o serviço público, a pesquisa e o magistério. Em 1939, foi nomeado diretor da Casa de Rui Barbosa, instituição em que trabalharia até o fim de seus dias, transformando-a num avançado e prestigioso centro de documentação. Seu talento, porém, não se revelou apenas na inegável competência e operosidade com que administrou a Casa; estampou-se do mesmo modo na qualidade de sua produção ensaística, centrada na História do Brasil, e no desvelo com que se votou a um gigantesco empreendimento na área jurídica: a publicação das obras completas de Rui Barbosa, ainda em curso, com 151 volumes editados, vários deles enriquecidos com prefácio ou notas do próprio historiador. Também em prol da memória de Rui, colaborou nos *Escritos e discursos seletos* (1960), da editora José Aguilar. Em excelente estudo introdutório, Lacombe defendeu com vigor o estatuto especificamente literário da escrita de Rui, contra os que nela enxergavam apenas traços convencionais da retórica forense.

Américo Jacobina Lacombe foi membro e presidente do Instituto Histórico e Geográfico Brasileiro. Coordenou a cadeira de História, no Instituto Rio Branco, do Itamaraty, e dirigiu, a partir de 1957, em substituição a Fernando de Azevedo, a famosa coleção Brasiliana, da Companhia Editora Nacional, referência indispensável em qualquer bibliografia que se elabore sobre o nosso país.

Dentre o que legou, sem falarmos nos inúmeros estudos avulsos dedicados a Rui, destacam-se: *Um passeio pela História do Brasil*, de 1942; a *Introdução ao estudo da História do Brasil*, de 1974, contribuição de peso na área da metodologia historiográfica; e *Afonso Pena e sua época*, de 1986.

Faleceu no dia 7 de abril de 1993, ainda na presidência da Casa de Rui Barbosa. A pesquisadora Isabel Lustosa evocou-lhe a figura num delicado artigo intitulado "Um homem admirável". Após ressaltar, em breves linhas, alguns episódios da vitoriosa trajetória intelectual e administrativa de Lacombe, concluía:

> A grande obra de Américo Lacombe é a Fundação Casa de Rui Barbosa. Sua vida, dedicou-a inteira a ela. Justo é que seja a Casa Rui também o seu memorial. Que ali fiquem, para a formação das gerações futuras, seus livros, suas anotações, seus arquivos. Que a memória deste homem admirável não se perca dispersa em bibliotecas estranhas.

O voto aí formulado acabou por materializar-se, e hoje a fundação é a guardiã do arquivo de um homem que tanto trabalhou como guardião da memória de todos nós.

Marcos Almir Madeira sucedeu a Américo Jacobina Lacombe em 19 de novembro de 1993. No início da oração, saudou Niterói, cidade em que nascera no dia 21 de fevereiro de 1916. Após examinar, em síntese feliz, a vida, a obra e a herança do antecessor, encerrou o discurso com uma atilada análise da contribuição de Rui Barbosa à vida pública brasileira — e o epílogo não foi arbitrário, pois, ao lado da francofilia, o jurista baiano sabidamente ocupava o mais elevado patamar das afinidades eletivas comuns a Marcos e a Lacombe.

Observa-se uma coincidência na biografia dos quatro últimos titulares da cadeira 19: todos, a seu modo, se irmanam por terem-se consagrado à idealização e/ou à manutenção de um consistente e duradouro projeto cultural. Gustavo Barroso criou o Museu Histórico. Silva Melo, em terreno mais específico, fundou a *Revista Brasileira de Medicina*. Américo Jacobina Lacombe dirigiu a Casa de Rui Barbosa. E Marcos Almir Madeira tornou-se quase sinônimo de PEN Clube, associação que presidiu durante um quarto de século. A biografia de Marcos, todavia, ultrapassa tal referência, por mais fecunda que haja sido sua extensa gestão à frente desse grêmio literário.

Graduou-se em Direito no ano de 1939. Foi professor de Português, História e, a partir de 1950, de Sociologia, na atual Universidade Federal Fluminense – disciplina que introduziria, a partir de 1952, na Fundação Getúlio Vargas. Também lecionou Sociologia na PUC do Rio de Janeiro e no Instituto Rio Branco. Como educador, visitou, em missões oficiais, a Alemanha, a França, Israel e o Japão. Na qualidade de delegado regional do MEC, lutou pela preservação do mobiliário de Machado de Assis, hoje incorporado ao acervo da Academia Brasileira de Letras. Dirigiu a Casa de Oliveira Viana, de quem foi dileto amigo, e o Arquivo Público. Foi membro e orador do Instituto Histórico e Geográfico Brasileiro.

Estreou em livro com *A ironia de Machado de Assis e outros estudos*, de 1944. Dentre seus títulos mais relevantes, encontram-se *Homens de marca* (1979) e *Fronteira sutil entre a sociologia e a literatura* (1993). Na publicação comemorativa do centenário da Academia Brasileira de Letras, foi autor do ensaio "Os cientistas sociais". A bibliografia de Marcos recobre os domínios da sociologia, da pedagogia, da crítica literária e dos estudos biográficos. Deixou inéditas suas memórias, a serem publicadas por esta Casa tão logo se conclua o estabelecimento do texto.

As reminiscências, com o título de *Na província e na corte*, privilegiam, num saboroso relato, a fase "na província" (entenda-se: em Niterói) de Marcos, mas também alcançam, sem o desdobramento que a morte houve por mal obstar, seu período carioca.

Almir Madeira era um orador refratário ao dó de peito retórico; exatamente por isso, lograva ser mais insinuante e persuasivo. Nascido no mesmo dia e mês de outro notável conferencista da Academia – Coelho Neto –, Marcos refugava a hipérbole, na fluidez de um tom que sabia, desde o início, cativar a plateia. Exibia uma satisfação quase voluptuosa pela palavra precisa. A elegância e a perspicácia que afloravam de seus discursos talvez tenham empalidecido a apreciação dos méritos – ofuscados pelo próprio brilho do orador – da obra escrita. É verdade que, a rigor, alguns textos de Marcos parecem sugerir antes a audição do que a leitura, de tal modo neles transparecem as marcas de uma prazerosa oralidade sustentada pela leveza estilística, a convidar, ou quase a convocar, o público a deixar-se envolver pelos meandros de sua bem urdida trama verbal. Conforme se pode verificar nos ensaios que dedicou a Machado de Assis, Lúcio de Mendonça, Euclides da Cunha, Gilberto Freyre, Augusto dos Anjos, Afonso Arinos, Antonio Candido, entre vários outros, a palavra de Almir Madeira, na tribuna ou no livro, era sempre portadora de uma lucidez ao mesmo tempo amena e aguda.

A esses dotes se adicionavam a sólida cultura de base francófila e o gosto pelas incursões ao domínio histórico. Sirva de exemplo a reabilitação que empreendeu do ideário de Oliveira Viana, ao comprovar, nas manifestações tardias do pensador, a ultrapassagem de posições racistas afirmadas em seus primeiros trabalhos. É ler *Oliveira Viana – vulnerabilidades da crítica*

(1999), onde, baseado em ampla documentação, Madeira reavalia o legado do amigo e "quase" mestre. Apesar da amizade e da reiterada admiração por Viana, Marcos insistia em declarar-se um cultor não-ortodoxo do sociólogo, sobretudo no que tangia às considerações acerca do papel do Estado. À veia liberal de Marcos soava excessivo o incremento da autoridade estatal propugnado por Oliveira Viana, adepto de política exercida por um poder unitário e centralizador.

Se tivesse de caracterizar Marcos Almir Madeira como um personagem da literatura brasileira, não hesitaria em recorrer ao machadiano Conselheiro Aires, pela sutileza, pelo trato lhano, pelo tédio à controvérsia. Isso não o impedia, se necessário, de ser incisivo, mas sempre no diapasão da polidez, zeloso de que as discordâncias não derivassem para o destempero. Leia-se, por exemplo, sua conferência sobre Manuel Bandeira, em que elogia o poeta pela simplicidade e pela veia comunicativa, em oposição à vertente do que denomina "modernismo predatório". Num tom algo acima do que lhe era habitual situam-se as veementes conclusões do seu discurso de posse, quando, respeitando embora a grandeza de Rui Barbosa, distingue duas faces no pensamento do jurista: uma, digamos, formalista, e outra próxima da realidade concreta do país. Sem tergiversações, Marcos afirma:

> Já me vou cansando, Senhores, dessa liberdade apenas declarada, declamada, verbal, a produzir uma democracia de superfície, formal [...] O Estado liberal teria de ser, antes de tudo, um Estado justo. E, mais do que nunca, este é o problema capital do Estado brasileiro na hora que passa [...] Já não me entusiasma o artífice da Constituição de 1891, de costas para a realidade

social em carne viva; Constituição omissa, demissionária, perfeita na técnica jurídica, mas lastimável na visão (ou não-visão) do homem brasileiro, da problemática do meio e suas urgências. [...] desse Rui eu de fato me despedi. Reverencio sinceramente a outro [...] que pregava a ampliação dos benefícios judiciais do *habeas corpus*, o que libelava o arbítrio, os desmandos [...] ficou-me também profundamente aquele outro, que magnificamente projetou a renovação de métodos e processos de ensino nos três níveis, madrugando, em 1882, para uma filosofia e nova política de educação.

Conheci Marcos em 1994, e logo desenvolvemos uma amizade baseada em instantânea e recíproca simpatia. Com seu voto e apoio, fui eleito para o PEN Clube em 1995, na vaga do professor José Carlos Lisboa. Segundo informação de suas filhas, Cristina e Maria Ângela Madeira, as memórias paternas se iniciam, precisamente, pela ida de Marcos à minha residência, no âmbito da tradicional visita que o presidente efetuava à casa de escritor recém-eleito, a fim de comunicar-lhe o resultado do pleito. Posteriormente, por diversas vezes atendi a convites para proferir palestras na sede da instituição, à Praia do Flamengo, onde me recebia com a afabilidade, a fidalguia e o bom-humor que lhe eram característicos. Tratava-se de um refinado mestre de cerimônias, impecável na condução dos cursos e mesas-redondas que desde 1978 promovia no seu PEN Clube. Mais do que apenas cordial, adjetivo com que muitos o caracterizavam, Marcos foi, essencialmente, um homem agregador, pronto a acolher o outro e dele tornar-se amigo.

Em uma ou outra ocasião, cheguei a divisar no seu semblante um leve traço de melancolia, e me perguntava se, no fundo, não faria parte da personalidade de Marcos Almir Madeira uma inextinguível nostalgia de galã, ou galanteador, da *belle époque*, a vincar-lhe, no rosto risonho, o ríctus elegíaco de um ser desconfortável frente ao recrudescimento da incivilidade que permeia o campo das práticas cotidianas.

A última vez que o vi ainda lúcido foi, como de hábito, num evento literário: tratava-se do lançamento do romance *Damas de copas*, de Cecília Costa. Achei-o tenso, abatido. Na manhã seguinte, entraria em coma – duas semanas após haver perdido Duhilia, a companheira de toda a existência. Pouco depois, um livro de minha autoria foi contemplado com o Prêmio Nacional do PEN Clube. Comentei com suas filhas que para mim a maior dádiva seria receber das mãos de Marcos o diploma da vitória. Não foi possível. Acabei recebendo-o da arqueóloga Maria Beltrão, sua substituta na presidência do Clube. O destino, num lance de dura sabedoria, fez Marcos, romanticamente, morrer da morte da pessoa a quem amou. Ao despedir-se da mulher, despedia-se também da vida.

Para a cadeira 19, foi eleito com 19 votos num dia 19. Tomou posse noutro dia 19. E morreu no Rio de Janeiro, em 19 de novembro de 2003. Cabe-me a honra de sucedê-lo.

Recordamos Marcos Almir Madeira, Américo Jacobina Lacombe, Antônio da Silva Melo, Gustavo Barroso, dom Silvério Gomes Pimenta, Alcindo Guanabara e Joaquim Caetano da Silva. De certo modo, cada cerimônia de posse na Academia Brasileira de Letras ritualiza o enlace do passado – os antecessores – com o futuro, na figura do novo acadêmico. Nesse mecanismo, regido pela inexorabilidade de *Chronos* (afinal, somos todos provisórios operários da palavra, na construção de alguma "interminável música"), não poderia omitir os elos do presente. Saúdo os escritores e expoentes que, com seus feitos e obras, elevam o nome e respaldam a força e a respeitabilidade desta Casa, que simboliza, em grau superlativo, a imagem multifacetada da cultura brasileira, e a que hoje, na noite de 6 de agosto de 2004, tenho orgulho de me associar.

Por fim, de volta ao começo. Referi-me, no início, à obra mais importante de Joaquim Caetano da Silva, *L'Oyapoc et l'Amazone*, que tratava dos limites entre o Brasil e a Guiana. Um dos últimos livros de Marcos Almir Madeira se denomina *Fronteira sutil entre a sociologia e a literatura*. Coincidentemente, o patrono e o derradeiro ocupante da cadeira 19 se debruçaram sobre limites e fronteiras.

Não interpreto os limites como região de indiferente descompromisso entre o lá e o cá, mas como um tenso terreno em cujas bordas vivenciamos o desafio da alteridade. Dissolvida a confortável ilusão da unidade, aprendemos a arriscar-nos em territórios que desconhecemos. Percorrer a fronteira não é ocultar-se entre dois espaços, é expor-se a ambos. É aceitar o assédio e o aceno de tudo aquilo que, em nós ou fora de nós, se recusa à apropriação apaziguadora da identidade.

Assim gostaria de entrar na Academia Brasileira de Letras: entendendo-a como um pórtico para o livre trânsito de todas as temporalidades. De um lado, receptáculo de nossas mais fundas e atávicas heranças; de outro, franquia para a paisagem do novo. Neste discurso, balizado por dois poetas, a primeira palavra, acolhendo o passado, foi de Cecília Meireles. Que a última seja de Carlos Drummond de Andrade: "Ó vida futura! nós te criaremos".

Discurso de Emerência

Há alguns anos, numa cerimônia de formatura, parodiando famosa música, disse: "Alguma coisa acontece no meu coração/ que só quando cruzo a Linha Vermelha e entro no Fundão".

Eu me referia à emoção e ao prazer, sempre renovados, de chegar à Faculdade de Letras da UFRJ, onde, durante quase quatro décadas, tive a alegria de compartilhar, para ouvintes e interlocutores atentos e amistosos, a riqueza multissecular da poesia brasileira.

Minha história com a UFRJ não chega a ser multissecular, embora se tenha originado no milênio passado. Ela remonta a 1970, quando, aos 17 anos, ingressei no curso Português-Literaturas, já imbuído da convicção de aquele seria o meu mundo, o mundo das letras, porque nele se condensavam, a meu ver, as expressões mais intensas e extremas da experiência humana.

Na graduação e na pós, tive a oportunidade de aprender com mestres admiráveis, e a todos eles homenageio, simbolizando--os aqui nas figuras exemplares de Cleonice Berardinelli e de Marlene de Castro Correia.

Em 1971, num comentário inserido em prova que eu fizera no curso de linhas mestras da literatura portuguesa, Cleonice previu que meu incontornável destino seria a literatura; desde então, venho me esforçando em não desmerecer tão auspicioso vaticínio.

Marlene foi a voz inteligente e entusiasmada que, em aulas inesquecíveis, me desvelou a magia lúcida da poesia de Carlos Drummond de Andrade, e desvelou-me a mim mesmo, no excelente prefácio que assinou para meu primeiro livro de poesia, *Ária de estação*, quando ainda era graduando, na avenida Chile.

O evento de hoje, como sabem, se faz acompanhar do lançamento de obra publicada pela Editora da Universidade, congregando quase 90 textos acerca do que me foi possível realizar nas Letras, no âmbito do magistério e, fora dele, no ensaísmo, na poesia, na ficção e na bibliofilia.

Sou grato a todos os que abraçaram o projeto da edição, tanto as dezenas de pessoas que nela colaboraram com depoimentos, artigos e ensaios, quanto os que, ademais disso, não pouparam entusiasmo e competência para tornar o livro realidade: os professores Godofredo de Oliveira Neto e Maria Lucia Guimarães de Faria. Registro também, com gratidão, o empenho de Flávia Amparo e Gilberto Araújo para levar a cabo uma versão anterior da obra que hoje é lançada. A Maria Lucia agradeço, igualmente, o generoso discurso de saudação; tudo que eu aqui pudesse enumerar ainda seria pouco para o muito a que ela se predispôs para viabilizar que a edição do livro e a cerimônia da emergência convergissem harmônica e festivamente nesta data de 9 de outubro.

Toda minha história, de aluno e de professor, passa pelo sistema público de educação, do antigo curso primário ao pós-doutoramento. Considero-me um privilegiado pelo nível do ensino de que me beneficiei. Na passagem de discente a docente, procurei ser fiel a essa herança, honrá-la com dedicação e seriedade. Sempre busquei expor a meus alunos não um saber fixo e hierarquizado, mas um pensamento permeável à desmontagem de verdades, ao deslocamento de perspectivas, à incorporação do risco interpretativo – atitudes demandadas pela complexidade do objeto poético, no qual concentrei o núcleo de minhas indagações, objeto de cuja grandeza sempre fui servidor, no desejo de promover a disseminação da beleza – não a beleza beletrística e ornamental, mas aquela capaz de nos projetar na aventura das mais ousadas alteridades, na frequentação das paisagens inóspitas ou exuberantes do espírito, e que somente a alta literatura tem o dom de revelar. A literatura nos mostra quem *não somos*, ou que somos aquilo ou aquele que jamais supúnhamos ser. Não estamos aqui a suplicar pelos vinte centavos de atenção que a mídia concede, como esmola, à poesia. Nenhum valor pecuniário mensura o poder de transformação que a arte exerce sobre aqueles que se predispõem a acolhê-la.

Tratar da poesia é defrontar-se com esse objeto fluido e esquivo às tentativas de imperativos categóricos. Em sala de aula, os alunos e eu investigávamos a produção e a multiplicação de sentidos a partir do exame atento de construção da forma. O leitor arguto de poesia tende a ser um arguto leitor do mundo, distinguindo, em meio às redes de linguagem pelas quais somos sem cessar envolvidos, quais as que portam o vigor da mudança, e aí reside a potência da literatura, e quais as que inoculam informação sem veicular conhecimento, produzindo subcidadãos submersos no conformismo das frases feitas, anestesiados pelos signos da insignificância que invadem as telas nossas de cada dia.

Nas últimas décadas, assisti, consternado, à progressiva desconsideração da carreira do magistério. Sou inteiramente solidário às justas manifestações docentes que neste momento ocupam de modo pacífico, mas firme e destemido, as ruas da cidade.

São sombrios os vaticínios acerca do futuro da literatura, ou de sua relevância na formação do homem contemporâneo. Mas resistimos. Meu íntimo orgulho consiste no esforço de haver colaborado para que a poesia integrasse a cesta básica de outras vidas, nesse rastilho iluminado pela combustão da palavra poética.

Por fim, retorno ao começo. "Alguma coisa acontece no meu coração". E agora o coração bate forte, no compasso da alegria pautada pela presença, neste espaço, de tantas pessoas queridas — amigos que, com seu prestígio, valorizam a sessão em que a Universidade Federal do Rio de Janeiro, honrosamente, me concede o título de professor emérito.

Num belo e desalentado poema, o pernambucano Alberto da Cunha Melo escreveu sobre a indiferença do público frente à poesia:

Casa vazia

Poema nenhum, nunca mais,
será um acontecimento:
escrevemos cada vez mais
para um mundo cada vez menos,

para esse público dos ermos
composto apenas de nós mesmos,

uns joões batistas a pregar
para as dobras de suas túnicas
seu deserto particular,

ou cães latindo, noite e dia,
dentro de uma casa vazia.

Cabe a nós agir cada vez mais para impedir que o mundo seja cada vez menos. É a palavra apaixonada e transitiva do professor que vai fabricar a esperança e deflagrar vida nova em qualquer sala vazia. Muito obrigado.

Colégio Brasileiro de Altos Estudos da UFRJ,
9 de outubro de 2013.

O nome sob o nome

A alegria de ingressar na Academia das Ciências de Lisboa só não supera a honra que sinto por ter sido eleito para esta bicentenária instituição.

Agradeço aos senhores acadêmicos o acolhimento unânime a meu nome; ao presidente Artur Anselmo, a António Valdemar, pela proposição da candidatura e pelo generoso discurso de recepção, a Nélida Pinõn, minha confreira na Academia Brasileira de Letras (ABL), ao escritor Fabio Coutinho, presidente da ANE, Associação Nacional de Escritores, sediada em Brasília, aqui presente no esteio de uma amizade quase cinquentenária; aos ficcionistas Teolinda Gersão e Jorge Reis-Sá, responsável pelo lançamento, em Portugal, da edição de minha poesia reunida; ao historiador Rui Lourido, diretor da UCCLA – União das Cidades capitais de Língua Portuguesa. Agradeço a todos os demais amigos que vieram abrilhantar, com seu prestígio e presença, esta cerimônia, que simboliza, também, o prestígio da cultura e da língua portuguesa, da qual somos fieis servidores.

Seria impossível, nos limites de um breve discurso, esgotar a rememoração dos numerosos laços que me ligam a Portugal, a começar pelos de sangue: no lado materno, minha ascendência é integralmente lusa, pelo avô, José Fuzeira, natural de Redondo, no distrito de Évora, e pela avó, Átala de Lemos Fuzeira, filha de portugueses. Graças a essa ascendência, está em curso, nas tramitações finais, meu processo de obtenção da cidadania portuguesa.

Meu avô era homem intensamente espiritualizado. Em 1969, quando eu sequer iniciara os estudos universitários, meu pai, Sives Secchin, revelou-me anedota familiar. Contou que, ao visitar-me recém-nascido, José Fuzeira saiu do quarto aos prantos. Meu pai, preocupado, indagou-lhe o que ocorrera. Respondeu que se emocionara porque, num átimo, visionara toda minha existência. Sives quis saber o que José antevira, e o avô comentou: "Vi tudo. Fique tranquilo. Ele será escritor". Portanto, até hoje não sei se sou escritor por vocação ou apenas para obedecer a sinalização persuasiva dos mais velhos. José também foi poeta, autor de singelo livrinho, *Trovas de sombra e luz*, o que, em meus arroubos afetivos da adolescência, era motivo suficiente para equipará-lo a Camões, figura, aliás, de sua extremada veneração. Não era afeito ao modernismo, e por isso desconfio de que, no episódio com o recém-nascido, algumas de suas lágrimas possam ter sido vertidas pelo conhecimento premonitório da literatura que viria a ser praticada pelo neto.

Aos 14 anos, ouvi de um primo pouco mais velho ardilosa pergunta: "Sabe quem são os três maiores poetas portugueses?". Ele próprio respondeu: "Camões, Antero de Quental e...". Na sequência, para compor o triunvirato, eu aguardava, claro, o nome de José Fuzeira, nosso comum avô. Mas, para minha surpresa e decepção, eis que o primo arrematou: "Fernando Pessoa". Quem seria esse intruso, esse usurpador da láurea que eu julgava legitimamente atribuída ao querido Fuzeira?

Em pouco tempo, descobri a obra do tal terceiro poeta, e minhas manifestações iniciais de sanguíneo ciúme transformaram-se logo em gestos de permanente devoção. De meu livro de estreia, *Ária de estação*, que publiquei aos 21 anos, consta o poema "A Fernando Pessoa", que transcrevo:

> Ser é corrigir o que se foi,
> e pensar o passado na garganta do amanhã.
> É crispar o sono dos infantes,
> com seus braços de inventar as buscas
> em caminhos doidos e distantes.
> É caminhar entre o porto e a lenda
> de um tempo arremessado contra o mar.
> Domar o leme das nuvens, onde mora
> o mito, a glória, de um deus a naufragar.[1]

Em 1973, no meu último ano de graduação na Faculdade de Letras da Universidade Federal do Rio de Janeiro (UFRJ), outro fato aproximou-me ainda mais do mundo português. Fui convidado pela professora Cleonice Berardinelli para atuar como monitor de literatura portuguesa. Meu trabalho consistia em auxiliar os professores em levantamentos bibliográficos e demais pesquisas para o preparo de aulas e, eventualmente, até ministrá-las, sob a orientação de um docente. Tratava-se, a

---

[1] A Fernando Pessoa, em: SECCHIN, Antonio Carlos. *Desdizer*. Rio de Janeiro: Topbooks, 2017, p.17.

rigor, de uma espécie de estágio preparatório para o exercício efetivo do magistério superior. A bolsa de monitoria era reservada a contingente bem restrito de estudantes.

Tudo levava a crer, portanto, que eu desenvolveria carreira universitária no campo das letras lusas, não fosse o convite, dois anos depois, do professor Afrânio Coutinho, para que eu substituísse uma professora de literatura brasileira que solicitara licença por motivo médico. Esse inesperado convite reorientou todo meu caminho profissional. A partir daí, então, consolidou-se meu vínculo efetivo com as letras de meu país, sem, todavia, jamais esgarçar-se o vinculo afetivo com as letras lusitanas.

Já no mestrado, eu, que tivera o privilégio de assistir ao derradeiro curso de Cleonice em nível de graduação, fui novamente seu aluno, apresentando trabalho final sobre a "Dobrada à moda do Porto", de Álvaro de Campos. Elaborei um ensaio que, pouco depois, acabou sendo estampado em publicação italiana dedicada ao escritor.

Em fins de 1975, comecei a trabalhar como leitor na Universidade de Bordeaux, onde permaneci por quase quatro anos. Responsável pela área de cultura, história e literatura brasileiras, frustrava-me o fato de eu não poder divulgar Fernando Pessoa, ainda mais porque, na França, à época, seu nome ainda padecia de escassa circulação. Recorri, então, a um estratagema: consegui incluir em minhas aulas a poesia de Pessoa, sob a alegação de que, como Ricardo Reis passara algum tempo no Brasil, o poeta, assim, não deixava de ser parcialmente "brasileiro".

De volta ao Rio de Janeiro, tornei-me professor titular de literatura brasileira, em 1993. Entre os cinco membros da banca examinadora, dois eram renomados catedráticos de literatura portuguesa: Massaud Moisés, da Universidade de São

Paulo (USP), e, em novo encontro, Cleonice Berardinelli. Ao cabo do concurso, ofertei à mestra a fotocópia de uma prova que eu fizera num exame de graduação, no longínquo ano de 1971. Além de então haver-me concedido nota elevada, Cleonice proferira, em comentário manuscrito à margem do texto, os votos e a esperança de uma frutífera carreira nas Letras para aquele jovem estudante.

Como veem, não posso me queixar de profecias portuguesas, desde o berço, com meu avô Fuzeira, até a juventude, com a professora Cleonice. Hoje, de bom grado acolho quaisquer palavras benfazejas que algum amigo queira emitir a respeito de meu futuro, desde que esse amigo seja português ou vinculado a Portugal, porque, nesses casos, é garantido que as profecias se concretizem.

Para não entediar-vos além do mínimo protocolar, cuido agora de sintetizar outras marcas da forte presença portuguesa em minha trajetória. Integro três conselhos editoriais lusitanos ou luso-brasileiros, dois deles nos Estados Unidos, um no Brasil. Participei dez vezes do júri do Prêmio Portugal Telecom de Literatura, e cinco vezes do júri do Prêmio Camões, nas ocasiões em que saíram vencedores Lygia Fagundes Telles, Ferreira Gullar, Manuel António Pina, Alberto da Costa e Silva e Hélia Correia. Há três anos participo, como representante de meu país, da comissão julgadora do Prêmio Literário da UCCLA, "Novos talentos, novas obras em língua portuguesa", que arregimenta centenas de concorrentes de toda a lusofonia. Efetuei mais de duas dezenas de palestras sobre temas de língua e literatura portuguesas, ou sobre as relações culturais entre Portugal e o Brasil. Entre elas, cito "O enigma M. de A.", que proferi nesta Casa há um decênio; o discurso de recepção na ABL, em

2009, ao sócio-correspondente Arnaldo Saraiva; e ainda "João Cabral: a literatura brasileira e algum Portugal", na Universidade de Coimbra, em 2011.

Também sou grato ao Instituto Camões e à Fundação das Casas de Fronteira e Alorna, que, em 1995, receberam-me na condição de professor convidado. Grato igualmente à Fundação Calouste Gulbenkian, pelo apoio a um magnífico projeto de coedição celebrado entre a Glaciar e a ABL, e ao *Jornal de Letras*, na pessoa de seu diretor, o intimorato poeta e jornalista José Carlos de Vasconcelos, que, em 2015, publicou nesse periódico minha "Autobiografia desautorizada".

No início deste discurso, apresentei os versos que, aos 20 anos, escrevera em homenagem a Pessoa. Gostaria de concluir a elocução com a leitura de poema recente, em que o vate também é citado, unindo assim, através de Pessoa, duas pontas de minha existência e de meus versos. Aliás, do livro *Desdizer*, poesia reunida, a ser lançado amanhã, dia 11 de maio, na Biblioteca da Imprensa Nacional/Casa da Moeda, constam dois textos que se reportam a grandes autores portugueses. Um dialoga com Eugénio de Andrade, a quem visitei no Porto. O outro convoca Pessoa (Pessoa não cessa de ser um outro), cujo nome comparece na primeira estrofe do primeiro poema do novo livro. A peça se intitula "Na antessala", e aspira a ser um cartão de visitas da obra em sua totalidade. Leio-a:

> Espalhei dezoito heterônimos
> em ruas do Rio e Lisboa.
> Todos eles, se reunidos,
> não valem um só de Pessoa.

Trancafiei-me num mosteiro,
esperando de Deus um dom.
O que Ele me deu foi pastiche
da poesia de Drummond.

Ressoa na minha gaveta
um comício de versos reles.
Em coro parecem dizer:
Não somos Cecília Meireles.

O desavisado leitor
espere bem pouco de mim.
O máximo, que mal consigo,
é chegar a Antonio Secchin.[2]

    É, pois, com modéstia, entrelaçada a júbilo e emoção, que passo a integrar o quadro da Academia das Ciências de Lisboa. Junta-se a tantas personalidades ilustres – de Portugal, do Brasil, de numerosos países – alguém que às vezes consegue ser Antonio Secchin. Na tradição da Itália, como se sabe, os filhos homens portam apenas o apelido (o sobrenome) paterno. Assim, a descendência italiana masculina indica simultaneamente uma presença e uma ausência, a da linhagem materna. Não ignoramos que uma ausência, às vezes, pode pesar tanto ou mais do que uma presença. Por sob o nome escrito em meu registro civil, pulsa um outro, não expresso, mas indelevelmente inscrito em minha vida. Portanto, aceitai que eu aqui o desvele, e, ao despedir-me de vós, afetuosamente declare-me António Fuzeira.

---

2 "Na antessala", em: SECCHIN, Antonio Carlos. Op. cit., p.178.

Entrevistas

Bibliofilia: entre tesouros e garranchos

Entrevista concedida a Lucas Figueiredo Silveira por Antonio Carlos Secchin e Ésio Macedo Ribeiro

Quando pensamos numa biblioteca de livros raros, não é difícil nos vir a imagem da preciosa biblioteca que aqueles monges do século XIV guardavam a sete chaves em *O nome da rosa*, ou ainda nos transportarmos à descrição que Borges faz da Biblioteca de Babel, em conto homônimo, no seu *Ficções*. Os corredores estreitos que compõem um labirinto infinito, as páginas amareladas e cheias de poeira, as lombadas escuras com letras douradas...

Mas hoje não conversaremos sobre essa imagem das bibliotecas que se cristalizou ao longo dos séculos – não que ela não esteja sempre à espreita –, discutiremos, sim, a biblioteca enquanto um organismo vivo, e "manter uma biblioteca viva não é para os fracos", como lembra um de nossos entrevistados. A *Revista Rosa* traz hoje uma conversa que tive com dois dos maiores bibliófilos do Brasil, Antonio Carlos Secchin e Ésio Macedo Ribeiro, donos de duas bibliotecas de grande valor histórico e cultural, e responsáveis por trazerem novamente à luz várias obras perdidas e/ou esquecidas da literatura brasileira.

Se a imagem da biblioteca-babel está presa no imaginário geral, a dos guardiões desses lugares sagrados, os bibliotecários, sempre calados, discretos e reticentes, também não está distante. Desta vez, nossos dois entrevistados conversaram abertamente sobre o início de suas coleções, sobre o que as compõem, e nos revelam ainda alguns dos tesouros e dos garranchos que elas guardam. Discutem a função social do bibliófilo e de como avaliam a preservação de livros em nosso país. Falam de sua poesia – sim, ambos também são poetas! – e de como veem o futuro do objeto livro e da bibliofilia.

Espero que o leitor goste desse passeio pelas prateleiras do Ésio e do Secchin, e posso assegurar que, ao fim do percurso, em meio a tantas antiguidades, tão bem cuidadas, ninguém estará espirrando ou com o nariz congestionado.

Lucas Figueiredo Silveira

Para começarmos o nosso papo, como vocês definiriam um livro raro?
Antonio Carlos Secchin: Devem existir conceituações mais técnicas, porém, para um bibliófilo, livro raro é aquele que ele ainda não tem na estante (risos). Objeto de um desejo não apaziguado. Cada colecionador tem sua lista, sempre inconclusa, de "procurados", e, a depender do perfil do acervo, o que é raro para um colecionador, pode ter pouco significado para outro. Livro raro é aquele que você não consegue ou que tem muita dificuldade em conseguir, mesmo quando disposto a pagar muito por ele.

Ésio Macedo Ribeiro: Muitos fatores implicam para que um livro seja considerado raro. Primeiro, pela importância histórica e literária. Depois, enquanto objeto: pela qualidade do exemplar, pela tiragem, se traz dedicatória e autógrafo do autor, se é ilustrado por algum artista renomado, entre outros fatores. As primeiras edições de *Pau-Brasil*, de Oswald de Andrade; de *Alguma poesia*, do Carlos Drummond de Andrade; de *O quinze*, da Rachel de Queiroz; e da *Caixa Preta* (única edição), do Augusto de Campos, por exemplo, se encaixariam na categoria livros raros. Já na categoria extremamente raros, mencionaria as primeiras edições de *Iaiá Garcia*, do Machado de Assis; *O guarani*, do José de Alencar e *Espectros*, da Cecília Meireles.

Vocês se lembram de onde veio o interesse pela bibliofilia e qual foi o primeiro livro raro que vocês compraram/conseguiram?
A.C.S.: Levando em conta a literatura brasileira, setor forte de meu acervo, diria que, no meu caso, a bibliofilia foi decorrência do interesse em ler autores marginalizados pelo cânone. Então, ou eu corria atrás de suas obras em edições originais, quase nunca reeditadas, ou tinha que me contentar com a pífia amostragem eventualmente disponível em antologias. Isso me levou, também, a reunir numerosas antologias, como trampolins para a pesquisa sobre os escritores nelas elencados. Trabalhei a questão do cânone, inclusive, em cursos de pós-graduação na Faculdade de Letras da UFRJ, com ênfase no Romantismo. Para dar um exemplo: a historiografia oficial acolhe menos de uma dezena de poetas canônicos do Romantismo. Quando estudei o motivo marinho nesse período, tive oportunidade de percorrer 52 autores, com ótimas descobertas. Após essa fase de buscas de edições originais basicamente como fonte de pesquisa,

passei a me interessar por questões correlatas, paratextuais, mas igualmente portadoras de sentido: capas, ilustrações, dedicatórias... Creio que desenvolvi o pendor bibliofílico relativamente tarde, quando já dispunha de uma boa biblioteca de trabalho. Por isso, não me recordo das primeiras raridades: talvez elas já estivessem comigo, algumas, sem eu percebê-las enquanto tal.

E.M.R.: Eu sempre gostei muito de ler. Comecei aos seis anos de idade, instigado por uma tia que era pedagoga, e nunca mais parei. Mas meu interesse em colecionar de forma sistemática se deu por volta de 1985, quando eu conheci e me tornei amigo do filólogo, membro da Academia Brasileira de Filologia, do Círculo Linguístico do Rio de Janeiro, e professor do Colégio Pedro II, Raimundo Barbadinho Neto. Ele tinha uma excelente biblioteca, que foi adquirida por mim um pouco antes de sua morte. Barbadinho não só implantou em mim o bichinho do colecionador, bem como me tornou completamente maluco. Chego ao extremo de comprar até cinco ou mais exemplares de um mesmo livro, somente para ter o exemplar o mais perfeito possível.

Quanto ao primeiro livro raro que comprei, foi a primeira edição de *Mensagem*, do Fernando Pessoa.

Falar de bibliofilia no Brasil é quase sinônimo de José Mindlin. Ele foi uma inspiração quando começaram a investir em suas próprias coleções?
A.C.S.: Conheci-o pessoalmente já no século XXI. O perfil de sua coleção é um pouco diverso do da minha, que não contempla a chamada "brasiliana", somente a literatura em sentido estrito, do período árcade aos dias de hoje. Tenho ótimas

recordações de Mindlin. Visitei-o em São Paulo três ou quatro vezes, recebi-o no Rio. Fui seu convicto eleitor na Academia Brasileira de Letras. Entrou na ABL já com idade avançada, infelizmente foi curto nosso convívio acadêmico.

E.M.R.: Eu fui amigo do José Mindlin. Frequentei sua casa, sua biblioteca e o escritório de sua empresa, a Metal Leve, até o fim de sua vida. Em minha casa ele esteve uma única vez, queria conhecer a minha biblioteca, imagine! Conto esta história no livro que a Edusp publicou, em 2015, em homenagem a ele, *A loucura mansa de José Mindlin*. Aprendi demais com ele. Foi e continua sendo uma grande referência para mim. Além do que, era uma pessoa muito generosa. A cada vez que eu o visitava, voltava para casa com algum presente ofertado por ele. Foi um homem que fez muito não só pela bibliofilia no Brasil, mas também pela nossa cultura de modo geral. Um exemplo que, me parece, não deixou seguidores.

O acervo de um bibliófilo se constitui de muito mais do que com apenas livros. Incluem-se também revistas, fotografias, cartas, originais, desenhos etc. É difícil de se afastar, ou fácil de se seduzir por uma "busca fáustica" pela totalidade, pela vontade de se ter tudo? E ainda: qual livro vocês ainda não têm e gostariam de ter?
A.C.S.: O sonho da totalidade alimenta o bibliófilo, ao mesmo tempo que a inexequibilidade do sonho é algo que se deve ter sempre presente, para evitar sofrimento (risos). Meu norte é rejubilar-me ao máximo com o que a biblioteca incorpora, e lamentar ao mínimo o que ela perde, em livrarias ou leilões. É melhor acreditar que, mesmo para os livros tidos como "impossíveis", pode

haver uma segunda chance de aparição. Mas, se a totalidade é inviável, resta a alegria de compor pequenos "todos", conjuntos completos dos autores que amamos.

E.M.R.: Sim, colecionar é uma doença sem cura. De verdade. Nós, colecionadores, sempre buscamos ter tudo sobre determinado assunto e/ou autor. Tarefa quase impossível quando se nasce cem ou mais anos após o objeto de desejo. Mas, ao longo dos anos em que me dediquei à busca de raridades, descobri uma coisa magnífica. Descobri que nunca teremos tudo o que almejamos. Não é a glória!? A partir daí eu passei a não sofrer por não ter coleções completas de algum autor, revista etc. Assim, quando eu consigo algo difícil, ficou imensamente contente. Um objeto de desejo seria a primeira edição de *Estrela da manhã*, do Manuel Bandeira, que, segundo consta, só foram impressos 47 exemplares.

Ao mesmo tempo em que a coleção pode aspirar a uma certa totalidade, ela também pode, e às vezes deve, tender a um recorte. Sei que o Secchin mantém uma coleção de peso sobre a literatura brasileira do século XIX; enquanto o Ésio, uma de vanguardas brasileiras do século XX. De um ponto de vista pessoal, o que de mais representativo, nesses recortes, a coleção de vocês guarda?
A.C.S.: Procuro ter, em edições originais, não apenas as obras e os nomes consagrados, mas escritores, conforme disse, esquecidos pelo cânone – e, ainda, obras "menores" de autores "maiores". Nesse sentido, às vezes, uma obra "menor" passa, pelos critérios da subjetividade valorativa do bibliófilo, a ter dimensão superlativa. Dois exemplos: *Chic-chic* (1906), peça

teatral em versos, de João do Rio, impressa em papel jornal, dada como desaparecida; *Palavras que o vento leva...* (1900), livro de poeta ignorado, Guerra-Duval, impresso em Bruxelas, e que teria sido pioneiro na utilização do verso livre em nossas letras. A lista seria muito extensa.

E.M.R.: No meu caso, que tenho uma coleção da obra dos principais autores do movimento modernista de 1922 para cá, as lacunas que haviam, por exemplo, dos prosadores mais representativos dos anos 1930 a 1960, como José Lins do Rego, Antonio Callado e Josué Montello, que eu não colecionava, foram preenchidas com os livros que vieram da biblioteca que adquiri com o Barbadinho. Também ajudaram na formação da minha biblioteca os livros que adquiri com outro grande bibliófilo e querido amigo, o Waldemar Torres, pessoa que me ajudou a robustecer não só a minha coleção de Concretismo e de outros movimentos de vanguarda, bem como me ensinou muito sobre o que colecionar. Não posso deixar de mencionar o Secchin, meu amigo há mais de trinta anos, pessoa com quem eu mais troco figurinhas atualmente. Com a ajuda desses amigos e mais horas e horas de busca em sebos e em catálogos, sem esquecer dos benditos leilões, que nos deixam de bolso vazio, posso dizer que a minha biblioteca é bastante coesa em se tratando da literatura brasileira do século XX.

Mudando um pouco a direção da conversa, gostaria de saber o que pensam sobre dedicatórias e autógrafos. Para vocês, pessoalmente, é algo que importa na hora de comprar um livro raro? As dedicatórias revelam muito sobre o autor? E, por fim, qual a dedicatória mais curiosa que vocês preservam em suas coleções?

A.C.S.: Já escrevi um artigo sobre dedicatórias. Existem as tipográficas, muitas delas interessantíssimas, mas as manuscritas transformam o livro num exemplar único. Nelas se concentram todas as espécies de relações: as protocolares, do "cordial abraço", as de efetiva amizade, as de paixão (nessas, seria aconselhável certa cautela para evitar arrependimentos), as de interesses menos nobre (bajulação). Embora a biblioteca disponha de dedicatórias relevantes, em todas as escalas de sentimentos aqui referidos (e de outros), agradam-me particularmente as que envolvem ao mesmo tempo dois escritores que eu admire: de Cabral para Drummond, de Drummond para Clarice, de Bandeira para Dante Milano, de Cecília Meireles para Miguel Torga...

E.M.R.: Eu sempre primei por escolher e adquirir o livro o mais perfeito possível, por isso não me importo se o livro está ou não com dedicatória e autógrafo do autor. Vou dar um exemplo para que você compreenda isso melhor. Quando adquiri *Há uma gota de sangue em cada poema*, do Mário Sobral (pseudônimo do Mário de Andrade), o vendedor tinha dois exemplares, ambos encadernados. Um trazia dedicatória e autógrafo, mas faltava a folha que vem encartada nesse livro, e que traz uma "Explicação" escrita pelo autor. Além disso, apresentava páginas muito amareladas e oxidadas. O outro exemplar, embora não trouxesse dedicatória nem autógrafo, estava mais bem preservado, e possuía a folha com a explicação, que é um item desconhecido por alguns colecionadores. De modo que optei, *of course*, pelo livro completo e em melhor estado.

A dedicatória mais curiosa que tenho é uma feita por Lúcio Cardoso — não me ocorre agora o título do livro — para um suposto namorado dele. Nela, Lúcio deixa registrada a sugestão da prazerosa noite de amor que tiveram.

Não é raro a bibliofilia ser associada a uma atividade elitista – não que ela não o seja –, mas no Brasil, onde há poucas instituições privadas interessadas no assunto e a gestão de acervos públicos é muito burocrática e, por vezes, problemática – vide a recusa do IEB-USP pela biblioteca de Antonio Candido e, mais recentemente, as tentativas de desmonte na Casa de Rui Barbosa, instituição responsável pelo acervo de dezenas de escritores. Vocês acreditam que o bibliófilo exerce uma função política e social na preservação de parte da memória nacional, mesmo que numa instância particular?
A.C.S.: Não deveria ser assim, mas, pelo descalabro de muitas instituições, o bibliófilo acaba representando uma tábua de salvação da memória cultural do país. Sobretudo, como suponho ser meu caso, quando o acervo pessoal não é algo egoisticamente fechado, mas um conjunto que gere frutos à coletividade. Pude repor em circulação, entre outros títulos, a primeira obra de Cecília Meireles, *Espectros*, de 1919, e também um livro de Drummond (*Os 25 poemas da triste alegria*), seis anos anterior a sua estreia "oficial" com *Alguma poesia* (1930). O imperativo da preservação é inerente ao exercício da bibliofilia. A rigor, não somos donos do que possuímos, mas fiéis e transitórios guardiões, no combate incessante à dissipação do patrimônio de nossa cultura pela incúria e desinteresse do poder público.

E.M.R.: Sim, eu acredito que sem nós, os bibliófilos, muita coisa estaria irremediavelmente perdida. Veja o que me aconteceu no início deste ano. Fui procurado por uma amiga e professora da USP, que estava pesquisando sobre a Geração Mimeógrafo, livros e também alguns periódicos daquele período. Ela me disse que já havia consultado muitas bibliotecas, incluindo a Nacional, no Rio de Janeiro, e a Mário de Andrade, em São Paulo, que são as duas maiores do Brasil, e não encontrado o que procurava. No entanto, encontrou, não tudo, mas boa parte do que precisava consultar, na minha biblioteca. Embora minha biblioteca seja particular, eu sempre recebi pessoas e entidades que necessitavam consultar algum item que tenho nela. Muitos livros, revistas etc. que circularam ou circulam por aí foram feitos a partir do meu acervo. Também já emprestei livros para muitas exposições, tanto no Brasil quanto no exterior. Isso me deixa muito contente. Claro que tenho critérios bastante rigorosos para aqueles que desejem consultá-la (muitos aprendidos com José Mindlin e Waldemar Torres, e também nos cursos que fiz na Associação Brasileira de Encadernação e Restauro – ABER). Mas nada que uma pessoa que ame livros não consiga compreender e pôr em prática.

Aproveitando o gancho da pergunta anterior, como vocês avaliam a preservação de livros e de acervos literários pelos órgãos públicos aqui no Brasil? E qual é a importância e a dimensão que essas instituições têm para o acesso democrático de pesquisadores e a preservação da memória artístico-cultural do país?
A.C.S.: Prefiro falar das benfazejas exceções: que maravilha dispor dos acervos digitalizados da Biblioteca Nacional e da Biblioteca Brasiliana Guita e José Mindlin, da USP! Exemplos bem-sucedidos de uma documentação incomensuravelmente valiosa com democrática franquia de acesso.

E.M.R.: A preservação do livro no Brasil é uma coisa catastrófica. Muitas pessoas pensam que é só comprar o livro, colocá-lo na estante e largar lá até o fim da vida. Até mesmo o Mindlin passou por isso. Lembro-me de uma vez em que estive com ele, em sua casa, e ele me contar, assim que nos sentamos, que tinha acabado de perder uma coleção completa da primeira edição de *À la recherche du temps perdu*, de Marcel Proust. Estava inconsolável. Disse-me que os cupins comeram os volumes em apenas uma noite, uma coisa horrível.

Além da água e da umidade, temos mais três seres que são o horror dos bibliófilos: as traças, os cupins e as brocas.

Certa vez, fui dar assessoria à biblioteca de um amigo, e, assim que tive acesso a ela, percebi logo, pelo cheiro no ar, muita umidade no local. Ele montou sua biblioteca bem ao lado de um banheiro. Comecei a higienização de seus livros e logo no início, num raríssimo do século XVII, encontrei uma imensa lagarta, vivíssima, instalada confortavelmente dentro da lombada do livro. Foi um deus nos acuda. Tivemos que descer toda a biblioteca, higienizar livro por livro, e pôr no ambiente materiais que pudessem retirar aquela umidade toda. Em seguida saímos para comprar giz escolar e cânfora, que são soluções para quem não tem um desumidificador. Recomendei a ele retirar aquela parte da biblioteca de perto do banheiro, senão o problema persistiria.

Alguns anos depois, fui convidado a organizar, catalogar, higienizar e avaliar as bibliotecas deixadas por Mário Chamie e Décio Pignatari. A do Chamie até que não tinha problemas sérios, porque estava bem acomodada em dois dos apartamentos que ele tinha nos Jardins, em São Paulo. Mas a do Pignatari, por estar em sua casa de campo, no interior do Estado de São

Paulo, teve partes, como a sua preciosa coleção de LPs, quase que totalmente perdida pela ação da água e da umidade.

O Brasil tem um clima péssimo para a conservação e a preservação de livros. Por causa disso, temos que despender muito com a manutenção das nossas bibliotecas. Manter uma biblioteca viva não é para os fracos.

Todo colecionador é também pesquisador. Vocês dois trouxeram à luz obras inéditas ou muito raras de autores consagrados. O Ésio, por exemplo, foi o responsável pela edição crítica da poesia completa de Lúcio Cardoso (Edusp, 2011), um livro imenso, com mais de mil páginas, que contém muitos poemas inéditos; e o Secchin, como já citado, recuperou o manuscrito daquela que foi a primeira coletânea de poemas escrita por Drummond, Os 25 poemas da triste alegria (Cosac Naify, 2012), e o livro de estreia de Cecília Meireles, que era cercado por mistérios e controvérsias, Espectros (Poesia Completa, Global, 2001). Vocês ainda guardam preciosidades que pretendem algum dia trazer a público?

A.C.S.: Poderia acrescentar, como já editadas ou reeditadas, a juvenília de João Cabral, reunida em Primeiros poemas (1990), e a estreia de Gullar em Um pouco acima do chão (1949). No arco entre 1850 e 1920, disponho de numerosos títulos esquecidos em demanda de resgate. E admiro muito o trabalho de Ésio na preservação e ampliação do legado de Lúcio Cardoso.

E.M.R.: Sim, tenho muitos projetos em mente. Um deles, publicar os inéditos e dispersos do Lúcio Cardoso e reeditar obras dele que estão esgotadas há muitos anos. Outro, este bem mais antigo, publicar todos os textos críticos sobre Monteiro

Lobato do saudoso Cassiano Nunes, que foi um dos maiores estudiosos da obra do pai da Emília. Queria, é verdade, ter conseguido ter editado a antologia antes de ele morrer, mas o tempo não nos permitiu. Tenho tudo reunido numa pasta, só falta digitalizar e arranjar um editor. Também gostaria de editar as cartas da minha coleção, principalmente as de Carlos Drummond de Andrade, Haroldo e Augusto de Campos, Manoel de Barros, Lygia Fagundes Telles, Mário de Andrade e João Antônio. E por aí vai.

Passa-se a vida colecionando, garimpando, perdendo noites em leilões, tardes inteiras em sebos, e, claro, gastando bastante dinheiro. Tendo em vista o esforço de anos e anos, qual destino pretendem dar à coleção de vocês?
A.C.S.: Sendo imortal da ABL, quero pensar bem na questão, e dar-lhe resposta precisa daqui a 437 anos (risos). Como, todavia, nem todos estarão dispostos a aguardar tanto para conhecê-la, antecipo uma outra. Meu acervo, hoje, deve estar na faixa dos vinte mil volumes. Consideraria uma lástima vê-lo dissipar-se. O ideal seria um acordo como o logrado por José Honório Rodrigues: uma instituição (universidade pública) adquiriu-lhe a biblioteca, mas deixou-a em usufruto na residência do historiador. Ótimo (embora pouco usual) negócio para ambas as partes: o bibliófilo dispõe da coleção até o fim da vida e morre com a certeza de que ela será preservada; a instituição, por outro lado, deve torcer para que o colecionador viva muito tempo, pensando, com toda razão, que boa parte do dinheiro será investida... em mais livros, e que, portanto, será contemplada com um acervo superior ao que adquiriu.

E.M.R.: Depois que fiquei viúvo, esta é uma das coisas que mais me fazem refletir. Porque eu sou conhecedor do destino que tiveram inúmeras coleções particulares no Brasil. A maioria das famílias não dá o mínimo valor aos livros. Assim que eles ficam sabendo que o parente colecionador morreu, eles vendem os livros por metro ou por quilo para o primeiro livreiro esperto que aparecer. Isso só não acontece com pessoas ilustradas, como é o caso da minha malunga amiga Dora Paes, viúva do saudoso José Paulo Paes, que manteve a coleção do marido escritor após a sua morte, exatamente do jeito que ele deixou. Agora que ela morreu, a coleção está sendo organizada e catalogada pelos sobrinhos e terá um destino nobre, que não posso revelar ainda. Doar no Brasil é um imenso problema. Tenho inúmeros exemplos de doações mal sucedidas. Para ficar num só exemplo, menciono a biblioteca do filólogo Celso Cunha, que ficava no Rio de Janeiro. Ele era obcecado com a qualidade de seus livros, tanto que pagava caro pelas encadernações em pleno couro de cabra que executavam para ele. Os livros de sua biblioteca eram todos encadernados desse modo. O homem era tão maluco que chegou a pagar uma pessoa para ir a Portugal somente para aprender douração, para que ela pudesse dourar o texto das capas das suas encadernações. Morreu, a biblioteca foi para a Universidade Federal do Rio de Janeiro (UFRJ), ficou por anos e anos jogada num depósito que, segundo também soube, teve infiltração de água, fazendo com que boa parte dos volumes que ele cuidou a vida inteira com tanto esmero fossem não só danificados, bem como definitivamente inutilizados. Espero poder viver o suficiente para dar um destino digno à minha biblioteca.

Pelo que vocês têm observado, a bibliofilia é um campo que ainda tem poder de atração, no sentido de que ainda se formam colecionadores hoje em dia? Ela ainda tem espaço num mundo virtualizado, em que bibliotecas inteiras já estão digitalizadas e no qual a Biblioteca de Babel, imaginada tão bem por Borges e por tantos outros autores durante séculos, hoje se trata de um conglomerado infinito de páginas e de livros armazenados na "nuvem"?

A.C.S.: A paixão pelo objeto, em sua materialidade, não pode ser integralmente substituída pela volatilidade da informação na nuvem. Há de haver – poucos, mas resistentes – os que se emocionam com uma dedicatória expressiva, os que viajam ao século XIX deslizando os dedos e o olhar numa edição original de Machado. Não por acaso, jamais se ouviu falar de uma confraria de e-bookófilos (risos). Muita coisa conspira contra a comunidade da bibliofilia: a quase ausência de contato com o livro físico na formação escolar, o custo mais atraente do e-book, a indisponibilidade de espaço doméstico para abrigar grandes coleções, o alto valor demandado por itens de bibliofilia. Se o comércio livreiro na Internet, por um lado, viabilizou o acesso de todos a um Himalaia de livros, por outro (aproveitando a imagem) pôs o preço nas alturas: sumiram as pechinchas com que de vez em quando nos deparávamos nos antigos, adoráveis e hoje quase extintos sebos de bairro.

E.M.R.: Bibliófilos, no Brasil, sistemáticos com o Secchin e eu, são em torno de setenta. À medida que uns vão morrendo, outros vão tomando seus lugares. Penso que o prazer de colecionar livros nunca morrerá e que sempre haverá uma nova geração se iniciando nessa arte. Nos leilões que venho acompanhando, noto muitos novos rostos digladiando pelo objeto livro. São, ao que parece, pessoas endinheiradas e muito aguerridas, no bom e no mal sentido. Mas nós, Secchin e eu, que somos escolados no riscado, vemos o quão ingênuos eles ainda são. Às vezes pagam uma fortuna por um livro ou revista que têm pouco ou quase nenhum valor, e noutras, ignoram itens raros que saem por preços irrisórios. Colecionar, além de ser um grande prazer, é uma arte que exige muita pesquisa, estudo e interlocução. Secchin é um grande interlocutor, nossas conversas telefônicas duram horas.

Quanto à formação de bibliotecas, eu penso que os colecionadores particulares brasileiros estão engatinhando neste quesito. Poucos são os que têm algum *know-how*. Há uma diferença gritante entre os critérios de qualidade e de preço praticados na terra do Tio Sam e no Brasil, por exemplo. Eu realmente me assusto quando vejo o quanto os colecionadores e livreiros americanos se organizaram no século passado. Só para se ter uma ideia, em 1949, há exatos setenta e um anos, eles fundaram a prestigiosa The Antiquarian Booksellers'Association of America (ABAA), entidade que além de congregar todos os livreiros do país, promove o interesse por livros raros, antiquários e coleção de livros. Além de ter por objetivo principal manter os mais altos padrões no comércio de livros e ainda na ética comercial. Sem esquecer de mencionar que eles até criaram seu próprio código de ética.

E se formos ver como são as bibliotecas públicas e universitárias norte-americanas, aí é que o susto aumenta. Elas têm coleções preciosas e até completas da nossa literatura, às vezes muito melhores do que as brasileiras. Eles dão valor, sabem a importância de se preservar a memória dos povos.

Mas nem tudo está perdido. Há pessoas, como o querido Antônio Miranda, um dos maiores nomes da ciência da informação no Brasil, que inaugurou e assumiu a direção da Biblioteca Nacional de Brasília sem nenhum livro e que a deixou funcionando com uma coleção invejável. Coleção esta que ele arrecadou com amigos, como a Marly de Oliveira, que doou toda a sua biblioteca para lá. Devo mencionar também minha amiga soteropolitana, Josélia Aguiar, que dirigiu a Biblioteca Mário de Andrade. Há aproximadamente dois anos ela assumiu a segunda maior biblioteca do país e tem feito um trabalho primoroso. É pena que existam poucos como esses dois no Brasil.

Só falta falar da "nuvem" (risos). Esta coisa de "nuvem" eu não entendo muito bem não (mais risos). Consigo até enviar os meus arquivinhos para lá, mas nunca sei como revê-los. Você que é muito jovem, Lucas, se puder me ajudar com isso, ficarei muito agradecido.

Para terminar: vocês dois, além de bibliófilos e pesquisadores, também são poetas. Sei que ambos, ao longo da carreira, publicaram livros que hoje são de difícil acesso e que foram produzidos em edições restritas, artesanais e, por consequência, numeradas/assinadas. Como o fato de serem colecionadores interfere na atividade artística de vocês?
E.M.R.: No meu caso, não interfere em nada. Eu consigo escrever meus textos e colecionar ao mesmo tempo. Na verdade, o escritor se vale muito do colecionador, no sentido de escarafunchar a coleção juntada pelo segundo, buscando ideias para os projetos pessoais.

A.C.S.: Não creio que haja colisão entre as duas práticas; vejo, antes, harmonia e complementaridade. O bibliófilo alimenta o escritor, fazendo-o conhecer centenas de poetas, entre oficiais e clandestinos. O poeta, por seu turno, já homenageou o bibliófilo, neste soneto publicado em *Todos os ventos* (Nova Fronteira, 2002):

Com todo o amor de Amaro de Oliveira.
São Paulo, 2 de abril de 39.
O autógrafo se espalha em folha inteira,
enredando o leitor, que se comove,

não na história narrada pelo texto,
mas na letra do amor, que agora move
a trama envelhecida de outro enredo,
convidando uma dama a que o prove.

Catharina, Tereza, Ignez, Amália?
Não se percebe o nome, está extinta
a pólvora escondida na palavra,

na escrita escura do que já fugiu:
perdido entre os papéis de minha casa,
Amaro amava alguém no mês de abril.

Entrevista a Prelo/Imprensa Nacional Casa da Moeda, Portugal

concedida a Tânia Pinto Ribeiro em junho de 2018

PRELO (P): *Desdizer* começa com uma dedicatória à sua mãe, que lhe fez um pedido especial...
ANTONIO CARLOS SECCHIN: É verdade!

Quer contar-nos como tudo aconteceu?
A.C.S.: Tenho a felicidade de ter pais vivos, ambos com 93 anos. O meu avô materno, José Fuzeira, era um modestíssimo escritor. Suponho até, ao acreditarmos em heranças genéticas, que alguma coisa me possa ter vindo desse avô português. Era apreciador de Camões, Antero de Quental, Guerra Junqueiro e parava aí, não chegou a apreciar o século XX. Este meu avô era uma figura muito espiritualizada, e quando nasci, conta o meu pai, ele entrou no quarto para me ver e saiu abalado, em lágrimas. Os meus pais perguntaram-lhe o que tinha acontecido, ele respondeu: "Tive a visão da vida inteira de meu neto, ele vai ser um escritor". Foi algo que o meu avô profetizou. Ainda hoje costumo brincar, dizendo que não sei se sou escritor por vocação ou se para obedecer à ordem dele.

A juntar à profecia do seu avô, nasceu a 10 de junho, que é um dia especial: o dia em que se celebra Camões!
A.C.S.: É verdade, outro presságio! Devo dizer que a minha aspiração de grandeza não chega ao ponto de achar que vou unificar as duas datas nacionais! (muitos risos) Num verso disse que «poemas são palavras e presságios». Curioso, em data bem próxima, a 13 de junho, ocorreu o nascimento de Pessoa. Num período em torno de uma semana, de 3 a 11 de junho de 1952, nasceram três poetas brasileiros: Ana Cristina César, Geraldo Carneiro e eu. Ele também membro da Academia Brasileira de Letras, na qual o recebi. Além de poeta é ótimo tradutor.

Começou por publicar *A Ilha*, aos 21 anos, numa edição de autor.
A.C.S.: Comecei pela poesia, como quase todo o mundo. Publiquei a plaquete *A Ilha*, numa edição particular. Pouco depois saiu *Ária de Estação*, que é um livro com cerca de 80 páginas, depois veio *Elementos* e de repente — ou não tão de repente assim — a minha carreira no magistério [docência] se consolidou e passei a ser muito solicitado para produzir ensaios, resenhas, críticas... e fui sempre adiando o retorno à poesia.

E os anos 1990 ressentem-se da ausência do poeta.
A.C.S.: Exatamente! Os anos 1990 foram a ausência total de poesia, correspondem àquilo que eu chamo de travessia do deserto poético. Só retornei em 2002, também com o estímulo de uma data precisa: em 2002 completei 50 anos.

Foi aí que surgiu o pedido de sua mãe?
A.C.S.: O que aconteceu foi que a minha mãe não ficou satisfeita apenas com esse livro de 2002. Já no século XXI fui

publicando vários livros de ensaios, e ela sempre me cobrava um novo livro de poemas. "Ah cadê o livro de poesia?"; "Mais um livro, por amor de Deus!"; "Escreva o livro, meu filho". Eu dizia que talvez um dia o escrevesse. Também não queria admitir que estava com dificuldades em retornar ao verso. Mas com todo o realismo – por mais que a gente espere que os nossos pais sejam centenários – me consciencializei de que não havia tempo a perder. De um modo quase obsessivo escrevi como que possuído pela fúria da palavra num período relativamente curto a grande maioria dos poemas do livro novo, *Desdizer*. Quem vê a data pensa que demorei quinze anos para escrevê-lo. Diria que sim porque o poema não germina somente quando a gente o escreve, há toda uma maturação interna, sabe-se lá como e quando em nossa cabeça essas palavras se processam. Ali, talvez tenha sido um período em que abri as comportas e terminei com essa autocensura. E deixei que essa demanda reprimida de mais de uma década pudesse vir à luz em pouco tempo, no começo de 2017.

"Não importa ao tempo o minuto que passa, mas o minuto que vem", escrevia Machado de Assis nas *Memórias Póstumas de Brás Cubas*. Este seu livro, da sua poesia completa, é feito de muito tempo. E é-nos apresentado do tempo dos poemas mais recentes para o tempo dos poemas mais distantes. Porque decidiu organizar *Desdizer* com uma cronologia descendente?
A.C.S.: Essa ideia não é unicamente minha. E nem é tão original assim. No Brasil, que me lembre, o primeiro poeta a se valer dela foi João Cabral de Melo Neto, um autor que estudei por mais de trinta anos. Quando fui entrevistá-lo, em 1982, a minha pergunta foi igual: "Por que sua poesia completa começa

pelo livro mais recente?" A resposta dele: "Porque eu acho que ninguém aguenta chegar ao fim de um livro desses!". Era uma obra muito volumosa, e, se o leitor vai desistir de lê-la na íntegra, que pelo menos conheça os títulos mais recentes.

Para um poeta, os versos mais recentes são sempre os melhores?
A.C.S.: Geralmente os versos mais recentes são sempre aqueles onde o autor mais se reconhece.

No texto em prosa, "Escutas e escritas", que encerra este *Desdizer*, refere que o interesse pela palavra em todos os seus desdobramentos – ficcionais, poéticos, ensaísticos – o acompanhou desde muito cedo. Quão cedo é este cedo? Quais são as suas primeiras memórias literárias?
A.C.S.: Recordo a ansiedade, aos 3 ou 4 anos, do quanto eu queria ler. Ler de qualquer forma. Não me conformava de estar com o acesso impedido à leitura. Isso até fez com que a minha vida fosse completamente outra. Tudo é feito de acasos e o acaso, por vezes, se torna fundador. Morávamos no estado de Espírito Santo, numa pequena cidade chamada Cachoeiro de Itapemirim. Na altura havia o chamado Grupo Escolar, onde uma só professora dava aulas simultaneamente para alunos de vários níveis. Tanto eu insisti que meus pais me colocaram nesse grupo com 5 anos. E rapidamente me alfabetizei, tive grande facilidade em aprender a ler e a escrever. E grande dificuldade com a matemática. (risos) Lembro-me de que com 5 anos já era penoso para mim lidar com os números e era prazeroso lidar com as palavras.

É por volta dessa idade que se muda com a sua família para o Rio de Janeiro.

A.C.S.: É, sim. Quando nos mudámos para o Rio de Janeiro eu não podia, pela minha idade, 6 anos, ser inscrito na 2ª série [2º ano]. A 1ª série era para 6/7 anos. Mas eu já tinha feito a 1ª série lá em Cachoeiro de Itapemirim. No Rio não me deixaram inscrever na 2ª série. Então lá fui eu repetir a 1ª série. E agora veja como uma pessoa muda o roteiro da sua vida. A professora no primeiro dia de aulas perguntou-me se eu sabia quais eram as vogais, e eu repliquei indagando-lhe se queria só as vogais ou se preferia o alfabeto inteiro... Sentia-me naquela turma como um pequeno e sábio rei. Até que um dia a professora me leva para uma turma da 2ª série e diz para a outra professora: "Stella, esse aqui é o aluno de quem lhe falei". Era uma turma grande, e calhei ali num dia de exame. Sem preparo nenhum, fiz a prova e tirei uma nota muito boa. De certa forma, tudo o que aconteceu na minha vida depois foi decorrência de ter avançado um ano em meus estudos. Tudo foi acontecendo graças a esses dez passos de uma sala para a outra, da 1ª à 2ª série.

Lembra-se do primeiro livro que conseguiu ler a eito?
A.C.S.: Lembro-me de que, bem criança, tentei ler em Cachoeiro de Itapemirim *Deuses, túmulos e sábios*, até por falta de opção. Na casa de meus pais havia muito poucos livros. Recordo com muito carinho, desses anos iniciais, a coleção "Tesouros da Juventude". Além da informação, havia o prazer visual, era uma edição bastante ilustrada, o prazer tátil, no papel liso e encorpado. Sempre associei o mundo do livro ao mundo do prazer.

O seu sobrenome Secchin é, como parece indicar, de origem italiana?

A.C.S.: É, sim. Emigrantes do Vêneto. No final do século XIX houve uma grande vaga de imigração, por motivos óbvios: com a abolição da escravatura, a mão-de-obra brasileira precisou ser reforçada. Houve um período de portas abertas para maciças levas imigratórias, entre elas as dos italianos. No caso dos Secchin, uma parte se radicou no Rio Grande do Sul, outra no Espírito Santo, onde fica a cidade de Cachoeiro de Itapemirim. A minha ascendência paterna é italiana, mas minha ascendência materna é portuguesa.

E de que zona de Portugal eram os seus ascendentes?
A.C.S.: De Évora.

De que maneira é que as culturas italiana e portuguesa tiveram influência na sua formação?
A.C.S.: A cultura portuguesa teve um peso enorme, a italiana bem pouco. Li os clássicos italianos na universidade. O sobrenome estrangeiro muitas vezes é apenas uma antiga recordação quando se trata de descendentes já enraizados em 3ª ou 4ª geração. A minha formação é brasileira e portuguesa inicialmente. Depois é um pouco francesa, um pouco inglesa, um pouco espanhola...

Desdizer foi publicado no Brasil em 2017 pela editora Topbooks. Conhece agora a sua edição em Portugal pela Imprensa Nacional. Que diferenças encontra entre estas duas edições? A começar pelo título...
A.C.S.: O título da edição brasileira é *Desdizer e Antes* e, em Portugal, somente *Desdizer*. Esta edição portuguesa, bem parecida com a anterior, tem diferenças que me agradam. Uma

delas é o estudo introdutório de Luciano Rosa, que considero magnífico.

Foi o Antonio Carlos que escolheu Luciano Rosa para prefaciar este seu livro?
A.C.S.: Fui eu, em acordo com o editor Jorge Reis-Sá. É interessante, porque o Luciano Rosa não é um professor de ofício. É doutor em Letras e foi meu aluno na graduação (licenciatura), fez o mestrado e o doutorado (doutoramento) sob minha direção. Sempre lamentei que o Luciano não tivesse seguido a carreira do magistério superior.

E existem mais diferenças entre as duas edições?
A.C.S.: Sim, existem. A edição brasileira não tem nenhuma fortuna crítica. Nada, nem prefácio. É um livro despojado. Na edição daqui não só existe fortuna crítica como um levantamento bibliográfico completo de todos os gêneros que produzi.

E podemos ler logo na contracapa do livro que *Desdizer* congrega toda a obra poética de Antonio Carlos Secchin, em "forma definitiva". Ora, encontrar esta "forma definitiva" de uma obra poética que se inicia no final dos anos 1960 e vai até 2017 foi um processo "definitivo, como tudo o que é simples [...] Simples como um verso" – e estou a citar Drummond – ou foi um processo definitivo, mas difícil e complexo?
A.C.S.: Outra diferença está aí! Apesar de ter a ilusão de que uma edição é definitiva e que não vou alterá-la, não resisto e faço mudanças. Admiro e respeito os poetas que publicam e não modificam mais o texto. Como tenho o lado crítico muito

exacerbado e por vezes paralisando o poeta, se tenho a oportunidade de reeditar não perco a oportunidade. Se posso apresentar um poema que para os meus parâmetros atuais será melhor do que em sua versão original, tenho o direito de alterar a minha própria obra. Se não alterar estaria a ser fiel à história, mas infiel a mim.

E fez muitas alterações nos poemas?
A.C.S.: Os poemas mais recentes estão praticamente idênticos, mas os mais antigos, não. Há, aliás, um poema em que só conservei na íntegra um verso, do total de catorze.

Isso já é uma reescrita.
A.C.S.: Sim, é uma reescrita, mas sempre com um aceno para o poema anterior. A versão anterior nunca é ignorada. É simplesmente reelaborada. Depois da edição brasileira de 2017, chega a edição portuguesa em 2018, onde aí, sim, eu digo "esta é a versão definitiva".

Devemos acreditar nisso?
A.C.S.: Não acredite muito nisso, não! (risos) Como a minha produção é escassa — sempre me perguntava se chegaria a escrever 100 poemas na vida, acho que já passei um pouco disso. Quando tenho oportunidade, como agora, eu tendo a publicar a poesia reunida. É uma obra que carrega o seu passado, mas um passado já atualizado pelas intervenções textuais.

O aspeto sonoro da poesia é um aspeto importante.
A.C.S.: Ah! Sem dúvida!

Dizemos que a poesia deve ser dita. E "dizer" diz-nos o poeta em "Água": "dizer é corroer o que se esquiva". O título *Desdizer* tem alguma coisa a ver com isto? Quer explicar-nos este título?
A.C.S.: Concordo inteiramente de que o som é o grande motor da poesia. Embora haja cultores das cacofonias, sou um cultor das eufonias. É o som que vai determinando o sentido. É a melodia da frase que nos leva para determinado lugar – o lugar poético. *Desdizer* foi uma provocação que quis fazer.

Que provocação é essa?
A.C.S.: Por um lado, contra o "dizer", suponho que o "dizer" é muito autoritário e tem a pretensão de estar a começar o mundo: "eu tenho algo a dizer", portanto, eu vou dizer aquilo que nunca foi dito. É presunçoso o "dizer". O "redizer" é humilde demais, o poeta admite que vai imitar o já expresso. O "desdizer" agrada-me porque o poeta confessa que está a ouvir outra pessoa. Esse ouvir o outro serve para reescrevê-lo de outra maneira. É como descosturar uma peça. Descostura a peça e depois vai costurá-la a partir da descostura. Este desdizer pode ser desdizer a palavra dos outros, mas também a palavra do próprio poeta que se desdiz reescrevendo. Ou como eu muito aprecio dizer: desdiz-se pelo paradoxo. O poeta trabalha no paradoxo.

Desdizer está então publicado na coleção "Plural". E Antonio Carlos Secchin é o segundo poeta brasileiro a ver a sua obra a entrar nesta renovada coleção. Foi precedido por Eucanaã Ferraz e sucedido por Alice Sant'Anna. Sente que está em boa companhia? E que a poesia brasileira está bem representada?
A.C.S.: Estou em ótima companhia! Por acaso Eucanaã Ferraz foi meu orientando. Dirigi a tese de doutorado dele sobre

João Cabral [Melo Neto] e acompanho a trajetória do Eucanaã desde o seu *Livro Primeiro*, e todo o resto da sua obra, sobre a qual já escrevi. Ele será talvez o mais português dos atuais poetas brasileiros, pelas amizades que tem aqui e também por um certo lirismo lusitano. No caso da Alice Sant'Anna já se trata de outra geração, com outro olhar, igualmente uma poesia subtil, bem feita. Sinto-me feliz por ter esses dois nomes junto ao meu na coleção "Plural". Sem esquecer João Cabral, que na década de 1980, teve uma edição publicada pela Imprensa Nacional.

Refere-se à *Poesia Completa* (1940-1980).
A.C.S.: Sim, era uma obra com a poesia reunida do João Cabral e contava com um prefácio de Óscar Lopes.

Para si, que outros poetas brasileiros mais se evidenciam neste ainda jovem século XXI?
A.C.S.: Essa é uma pergunta um pouco embaraçosa.

Gostava que me respondesse.
A.C.S.: Embaraçosa porque corro o risco de me esquecer de alguém. Manuel Bandeira, poeta com grande senso de humor, não respondia a perguntas, por exemplo, sobre escolha de nomes para antologias. Ele organizou várias, da poesia romântica, da poesia parnasiana, da simbolista, da pré-modernista, e um dia o convidaram a organizar uma antologia da poesia contemporânea. Ele recusou-se: "Se eu organizar uma antologia de poesia contemporânea, vou fazer 300 inimigos e vou ter 50 mal-agradecidos!" (risos)

Então esqueçamos os nomes e diga-me: a seu ver, para onde caminha, quais são as tendências da poesia brasileira? Um movimento? Uma escola?
A.C.S.: Iniciei-me, na década de 1970, na chamada poesia marginal ou geração do mimeógrafo, que deu fama a Ana Cristina César, Chacal e outros. Havia uma atmosfera de repressão política no Brasil, mas liberdade para a prática da "contracultura". Repressão política e libertação de costumes. Uma coisa não obriga a outra. Uma sociedade permissiva, mas sufocada politicamente. Para a maioria dos poetas dessa época a poesia era uma experiência direta de vida, algo espontâneo, que passava longe do saber acadêmico... Nunca me identifiquei com esta ideia de espontaneidade porque sempre achei que toda a espontaneidade é fabricada, é construída. A espontaneidade enquanto tal não pode ser uma categoria a ser necessariamente valorizada. O que noto na geração mais recente é o contrário, trata-se de geração muito letrada, com formação universitária, e que tem muito presente a técnica, o fazer do verso. Portanto, considero a geração contemporânea mais equipada do ponto de vista da consciência laboral do verso. Por outro lado, estar equipado ou estar imerso no conhecimento universitário hoje, para boa parte dos poetas (em que não me incluo) não significa um compromisso com a tradição poética.

Ao lermos o Secchin dos primeiros anos, dos primeiros versos, apercebemo-nos de que existe uma clara relação, talvez uma homenagem, à tradição poética brasileira.
A.C.S.: É verdade! E até à tradição poética portuguesa. Fernando Pessoa, Eugénio de Andrade, Camões...

Aqui em *Desdizer* encontramos um poema intitulado "A Fernando Pessoa" e outro, "Cantiga", neste último pressentem-se os ecos de Camões. Que outros autores portugueses admira?
A.C.S.: Cesário Verde é um poeta que eu gostaria de sequestrar para a literatura brasileira. Nós não temos nada no Brasil de equivalente. Ele é parnasiano, é realista, é irônico. A geração pós Fernando Pessoa teve um obstáculo, que foi escrever depois de Fernando Pessoa; é algo muito difícil. Admiro Eugénio de Andrade, Sophia de Mello Breyner Andresen — sobre quem escrevi recentemente —, Herberto Helder, Pedro Tamen, António Ramos Rosa, Gastão Cruz, Nuno Júdice, Inês Fonseca Santos, David Mourão-Ferreira, Fiama [Pais Brandão], Al Berto... e ainda faltam alguns. O que eu não quis fazer no tocante ao Brasil, indicar nomes, você conseguiu que eu fizesse em relação a Portugal! (risos)

No poema "Na antessala" diz-nos o sujeito poético que espalhou 18 heterônimos entre as ruas do Rio e de Lisboa e que todos reunidos não valem um só Pessoa. Quer falar-nos desta heteronímia?
A.C.S.: Em *Todos os ventos*, que é divido em quatro partes, há uma secção chamada "Primeiras pessoas". Penso que o poeta cria um heterônimo praticamente em cada poema, embora em geral esse heterônimo não tenha nome. E se nenhum poema reflete o poeta também nenhum poema o desmente de todo. Tenho poemas em que o sujeito lírico poético se defronta com a melancolia, com o vazio, com a morte, e outros em que o humor aparece com frequência, bem como a ironia e a autoironia. De maneira jocosa, disse que meus heterônimos quase nada valem se cotejados com os de Fernando Pessoa.

Foi a literatura que o trouxe a Portugal em 2018. E da primeira vez, o que o trouxe cá?
A.C.S.: Sempre foi a literatura. Sou imantado por ela. Certamente vim a primeira vez para dar uma palestra e também para percorrer os alfarrabistas, sou um apaixonado pelos livros.

Sabemos que é um exímio colecionador de livros e é considerado um dos principais bibliófilos do Brasil. Quantos títulos tem a sua biblioteca?
A.C.S.: Vou dizer o número total de volumes, mas tendo em consideração que se tenho um volume de 500 páginas isso é um volume, se eu tenho uma plaqueta de sete ou oito páginas também é. Estimaria em torno dos 18 mil volumes.

E quer falar-nos dessa sua volumosa coleção?
A.C.S.: É uma coleção muito concentrada. Tenho o essencial de cada literatura. De longe a parte mais forte é a literatura brasileira, depois a literatura portuguesa e na sequência as literaturas em língua francesa, inglesa e espanhola.

E a bibliofilia?
A.C.S.: A bibliofilia cultivo em edições brasileiras e, em menor escala, nas edições portuguesas.

Há algum livro que lhe seja particularmente especial?
A.C.S.: Da bibliofilia portuguesa citaria, no campo da poesia, as primeiras edições de Antero de Quental com assinatura do autor, disponho também da primeira edição de Cesário Verde, da *Mensagem* de Pessoa, autografada, da *Dispersão*, de Mário de

Sá-Carneiro. Também tenho algumas primeiras edições de Eça de Queirós e de Camilo Castelo Branco.

E de autores brasileiros?
A.C.S.: O filão brasileiro é bem numeroso e variado, do século XVIII ao XXI.

Encontrou/descobriu, em 2008, Os 25 poemas da triste alegria, escritos nos anos 1920, por Carlos Drummond de Andrade, cujo original estava desaparecido há muitos, muitos anos...
A.C.S.: Ah! Talvez esse seja o mais importante!

Como conseguiu este feito?
A.C.S.: Acho que o livro escolhe as mãos em que quer parar! (risos) Vai para quem merece. No campo das letras há dois universos. O universo do livro e o universo da literatura. Muita gente que coleciona livros nunca os abre, não os lê. Vê o livro como um objeto, como alguns colecionam borboletas ou caixas de fósforos. Outros que gostam de literatura pouco dão valor à materialidade do livro. Eu procuro conciliar as duas paixões. Até porque considero que um livro, em primeira edição, contém muitos detalhes sobre a cultura e a literatura que uma edição moderna pode não apresentar. Por exemplo, algum prefácio porventura existente na publicação antiga e que o editor moderno, para poupar gastos, suprime.

Foi a literatura que o levou à bibliofilia?
A.C.S.: Fui levado à bibliofilia como consequência do amor à literatura. A questão ocupa: o que é o cânone. Como se constitui? Passei a interessar-me por autores de segunda linha, ditos

«menores», que encontrava parcamente citados em antologias. Então desenvolvi a bibliofilia como meio para encontrar a literatura banida pelo cânone.

E no caso do livro de Drummond?
A.C.S.: Fui à morada de um particular que estava vendendo vários objetos, nomeadamente livros. Tratava-se de uma herança. Comprei muitos livros. Tive curiosidade de ver uma caixa com papéis, que iam ser deitados fora. E estava ali, datilografado, um livro inteiro de Drummond. Como era um caderno e não um livro, não foi julgado digno de valor. Iria para o lixo.

E encontrou mais livros "desaparecidos"?
A.C.S.: Parece que sou fadado a localizar e a editar os livros iniciais de grandes poetas brasileiros. Descobri, através de um livreiro, *Espectros*, da Cecília de Meireles, de 1919, desaparecido há oitenta anos. A própria Cecília Meireles teria destruído os exemplares do livro. Aliás, ela destruiu física e até simbolicamente a obra. Na sua bibliografia ela nem sequer citou a existência deste livro.

Porque é que Cecília Meireles o baniu do seu *curriculum*?
A.C.S.: Como ninguém conhecia o livro começaram a circular as versões mais fantasiosas. Entre elas, especulava-se que era um livro de poesias eróticas... Nada disso! Simplesmente é um livro rigidamente parnasiano, daquele parnasianismo de segunda linha, que nada tinha a ver com o que ela escreveria depois.

Da descoberta da "preciosidade" à publicação (ou à republicação) como se processa?

A.C.S.: Essa é uma questão delicada. Publica-se ou não se publica?

Como se resolve o dilema?
A.C.S.: Para mim, quando o autor o publicou em vida, o livro pode ser reeditado *post mortem*, sempre com a ressalva explícita de que se trata de obra renegada.

Conseguiu publicar vários primeiros livros de vários grandes poetas.
A.C.S.: Pois é! Consegui reeditar o primeiro da Cecília Meireles, publicar o primeiro de Drummond. João Cabral tinha um caderninho com poemas da adolescência, ele autorizou-me que fosse publicado. E se não bastassem esses, também convenci, Ferreira Gullar a republicar, no apêndice da sua obra reunida, que preparei para a editora Aguilar, o seu livro de adolescente estreia, *Um pouco acima do chão*. Certa vez escrevi num artigo de jornal que quase todos os poetas se arrependem das suas estreias literárias, por isso eles que tratassem de tomar cuidado: se escreveram algo que os envergonha, há muita chance de que eu venha a descobrir! (risos) Para evitar esse problema, a minha sugestão é que os poetas comecem a publicar pelo segundo livro! (risos)

Olhemos, agora, para o seu poema "Cisne", em que homenageia a memória do poeta João Cruz e Sousa, o "Dante Negro", o precursor do simbolismo no Brasil. Neste poema, percebemos, além da homenagem há também uma crítica? "Do alto, um Deus cruel cospe em seu rosto." É uma crítica ao esquecimento dos poetas?

A.C.S.: Houve um fato curioso em fins do século XIX. Os estilos se sucedem, o barroco, o neoclassicismo, o romantismo. Mas houve coexistência do parnasianismo e do simbolismo. Embora o parnasianismo seja um pouco anterior, na verdade, eles conviveram durante algum tempo. No caso do Brasil, o aspeto crítico que o meu soneto contém é que na época em que Cruz e Sousa escreveu ele foi desprezado porque o estilo oficial e vitorioso era o parnasiano. O simbolismo era considerado manifestação de nefelibatas, de malucos. A própria Academia Brasileira de Letras, fundada em 1897, desprezou inteiramente os simbolistas. Há um poema de um autor completamente esquecido, chamado Júlio Salusse, um soneto que sobreviveu no cânone, intitulado «Cisnes». O cisne desse poema é de «alvacentas plumas». Em meu texto encenei o combate entre o cisne negro, que é o Cruz e Sousa, e o cisne branco, de Júlio Salusse, representando o movimento parnasiano *versus* o simbolista. E enquanto o branco vai vencendo a bruma, ele [o negro] naufraga, bêbado de espaço. Ali, naquele momento, o cisne branco é o grande vitorioso, o outro morre de sede. Na época, o branco venceu, mas no processo de decantação do tempo, hoje em dia e ironicamente, Cruz e Sousa é estudado como um dos maiores poetas brasileiros. Os parnasianos, injustamente até, são estigmatizados como o pior da literatura brasileira.

Além dos parnasianos, que outros autores brasileiros considera estarem injustamente no limbo do esquecimento?
A.C.S.: Júlio Salusse está justamente no limbo. Mas Olavo Bilac, por exemplo, está a merecer reavaliação.

Olavo Bilac, poeta que escreveu uma ode à língua portuguesa: "Última flor do Lácio/inculta e bela [...]"...
A.C.S.: O parnasianismo como um todo foi amplamente ridicularizado pela geração vencedora seguinte: a do modernismo. Assim como o parnasianismo tentou massacrar o simbolismo, e conseguiu, o modernismo de 1922, com a *Semana de Arte Moderna em São Paulo*, combateu com vigor o parnasianismo, que era o alvo a abater. Nem perderam tempo com o simbolismo. Cruz e Sousa foi louvado apenas por Cecília Meireles, que vinha de formação simbolista. Após 1922, passou a haver uma condenação em bloco ao parnasianismo. Condenação injusta porque condenou-se sem se ler. Se nos outros movimentos se procuram sempre os melhores exemplos porque só no parnasianismo se foram buscar os piores? É possível que numa faculdade de letras o aluno atravesse todo o curso de Literatura sem ler um único poema parnasiano.

As suas teses de mestrado, doutoramento e pós-doutoramento e vários ensaios têm um denominador comum: o pernambucano João Cabral de Melo Neto. Houve aqui uma grande obsessão, um grande fascínio, ou simplesmente aconteceu? Como chegou até ele?
A.C.S.: Saí do Brasil licenciado em Letras em 1975. Fui convidado para dar aulas em Bordeaux [Bordéus]. Já tinha cumprido os cursos preliminares para a escrita de uma dissertação de mestrado. Saí do Rio com a certeza de que a minha dissertação seria sobre Raul Pompeia, autor de *O Ateneu*, belíssimo romance de 1888, complexo e pouco estudado no Brasil. Vou para Bordeaux [Bordéus] na função de "leitor brasileiro". Tinha de dar aulas de tudo: de história, de geografia, de língua,

de literatura... No programa de 1977, dos concursos nacionais para a docência do português estava a poesia de João Cabral de Melo Neto. Eu já conhecia um pouco a poesia dele. Mas, quando recomecei a lê-lo, agora como professor, na preparação das aulas, tive quase que uma epifania: a sensação de que ele escrevera para mim. Nunca mais vivi uma experiência destas. Comecei então a aprofundar-me na poesia dele graças ao acaso da sua inclusão no programa de Letras daquele ano.

Talvez também a distância geográfica o tenha ajudado a definir a fronteira do que queria mesmo estudar.
A.C.S.: Quando julguei que era hora de voltar ao Brasil, decidi, naqueles últimos meses em França, começar a escrever direto as muitas páginas que depois se transformaram na dissertação de mestrado. Foram anos de preparação e meses de escrita. Tal como o *Desdizer*. Na dissertação fui até metade da obra dele. Retornando ao Brasil, logo reingressei no ensino universitário e era o momento da consolidação do doutorado. Tinha de fazer a tese de doutorado se quisesse consolidar carreira universitária. Propus ao meu orientador, Afrânio Coutinho, dedicar-me à segunda parte da obra de João Cabral. Em 1982 conheci pessoalmente João Cabral. Fui à casa dele, que me acolheu amistosamente.

Como recorda esse encontro?
A.C.S.: Inesquecível! João Cabral era diplomata de carreira, muito assediado quando estava no Brasil. Tinha a fama de ser pessoa difícil. Dizia-se que ele era mal-humorado, cheio de manias... Mas eu não tinha nada a perder e nesse primeiro encontro aconteceu algo curioso. Ele permitiu que gravasse a

conversa. Ficou um pouco espantado ao ver que eu, bem jovem, conhecia minúcias da obra dele. Ele se entusiasmou e começou a conversar comigo, quase com familiaridade. De repente noto que já estávamos com três horas de gravação e comento que já ficava pouco tarde e que ainda estava a meio das perguntas. Pergunto se seria possível encontrarmo-nos de novo. Ele disse que sim, e eu perguntei: "Quando?" Responde: "Você pode vir amanhã?" (risos) Então eu voltei no dia seguinte, gravei mais três horas. No total foram seis horas de conversa nesse primeiro encontro. Filtrei essa informação toda e, modéstia à parte, transformei-a naquela que as pessoas consideram ser uma das melhores entrevistas de Cabral. O teor da entrevista está fiel, mas fiz um grande trabalho de edição para que a entrevista tivesse perguntas objetivas e respostas concisas. A partir de então tornamo-nos, ouso dizer, amigos. Ele viajava muito, mas sempre que estava no Rio e eu lhe telefonava ele me recebia de imediato.

E é conhecido o elogio que João Cabral fez a Antonio Carlos Secchin, afirmando que era o que melhor conhecia a sua obra.
A.C.S.: É verdade, sim, e isso provocou ciúmes. Ele telefonou para a editora Duas Cidades, e disse ao editor, à minha frente, que o meu trabalho era, de todos que até então lera, aquele em que mais se reconhecia. Portanto, quando eu o estava lendo em Bordeaux [Bordéus] e achando que ele estava escrevendo para mim, isso não deixava de ser um pouco verdade. O próprio autor confirmou! (risos)

A qualidade da obra de João Cabral, a seu ver, é constante em todas as suas fases?

A.C.S.: A produção dele dos anos 1950 até meados dos anos 1960 é de uma qualidade inimaginável. Como é que alguém consegue escrever tantos livros excepcionais em sequência?! E continuo achando seus livros posteriores muito bons. Ele claramente percebeu que as pessoas só queriam falar dessa primeira fase ou, pior ainda, só queriam falar de *Morte e Vida Severina*, devido ao enorme sucesso da peça. O espanto dele inicial comigo foi ele perceber que eu tratei *Morte e Vida Severina* como qualquer outro livro. Depois de achar que já tinha encerrado a minha carreira em João Cabral nos anos 1980, o próprio Cabral, que era pessoa extremamente tímida e que nunca ouvi vangloriar-se, perguntou-me se eu não pensava em estudar os seus livros mais recentes. Achei que deveria assumir, para mim mesmo, essa dívida. Quando ele faleceu, eu já tinha escrito sobre um desses livros mais recentes, *Agrestes*. Eu reeditei, mas somente em 2014 pude publicar meu livro mais completo sobre o poeta, estudando, em sequência, todos os seus 20 livros de poesia. Trata-se de *João Cabral: Uma fala só lâmina*.

Depois de tantas páginas e de tantas palavras dedicadas a João Cabral de Melo Neto, João Cabral é um projeto encerrado para si?
A.C.S.: Eu sempre digo que é, e as pessoas nunca permitem que o seja. (risos) No Brasil, as pessoas se aposentam por idade ou por tempo de serviço, de 35 anos, como em Portugal, não é?

Sim, é igual. Se bem que a idade da aposentadoria em Portugal tende a aumentar.
A.C.S.: No Brasil tenta-se aumentar a idade da aposentadoria também, mas a reação é muito forte. Lá não se aumenta porque os congressistas, sobretudo em ano eleitoral, sabem que

se votarem a favor, o resultado das eleições não lhes vai convir. Depois de muitos anos a estudar João Cabral, lancei esse livro de quase 500 páginas e disse que me ia aposentar do poeta. Assim como as pessoas fazem festas para comemorar a despedida de solteiro, eu quis fazer uma festa para comemorar o meu divórcio amigável com ele.

O sujeito poético do seu poema "Água" afirma: "Na sonância do que vive/ minha fala é resistência". Também o sujeito poético de "Poema do Infante", que encerra o livro, fala-nos de um "operário precário". No mundo de hoje, o poeta ainda serve a resistência?
A.C.S.: Acho que sim. Acho que o poeta serve a resistência, mas talvez não apenas onde se pensa que essa resistência é exercida: no papel anti-ideológico, no compromisso firme contra todas as formas de opressão. Esta é uma resistência de conteúdo. Apesar de nós conhecermos poetas que se aliaram ao lado escuro, sombrio e repressor, eles são minoria. Mas a outra resistência a que eu me refiro, e essa é menos perceptível, é a resistência no campo da linguagem. Resistir ao lugar-comum, resistir à tendência de pensar que as coisas estão ditas. E esta fala da acomodação também tem um componente político, porque quando se acha que o mundo já está todo dito pelas palavras certas, já presume-se quem tem as palavras certas e vai-se acreditar muito nelas. É nesse processo de rejeitar a nomeação do mundo e de expandir sempre e sempre as fronteiras daquilo que é possível dizer, é aí, nesse movimento, que localizo a grande função política da poesia. O poeta trabalha na relação da fissura (ou da fratura) entre a palavra e o real. Por isso é que a fala do poeta é sempre uma fala instável e arriscada.

Como vê a atual crise política brasileira? E o que considera desejável que aconteça?
A.C.S.: O problema maior que temos na política brasileira, como todos sabem, é o da corrupção.

Acredito que ao Brasil também cheguem notícias de Portugal.
A.C.S.: Nós aprendemos tanto sobre Portugal no Brasil, mas infelizmente o Brasil teria muito a ensinar a Portugal em matéria de corrupção, no mau sentido. Temos uma corrupção endêmica. O foco aparece em todos os níveis. Não só dos governantes, mas das instituições. Em que instituição podemos confiar? É algo muito precário. Também temos a tragédia da violência, que é muito vinculada à questão das drogas e à promiscuidade da chamada "banda podre" da polícia com os traficantes. Isto ao ponto de algumas comunidades se sentirem mais seguras sob domínio dos traficantes. Tenho alguma esperança de que isto possa mudar, mas não sou otimista de uma mudança a curto prazo. Acho que é um processo que vai levar gerações. Tudo isto está demasiado entranhado no dia a dia. A pequena corrupção é tolerada. As pessoas criticam a grande corrupção e não percebem que no dia a dia elas transigem com o ilícito. Raramente escrevo poemas de teor social explícito e fiquei espantado quando me ocorreu um em que falei das favelas, das drogas, da violência.

O Antonio Carlos Secchin acredita que a «poesia é o lugar onde tudo pode ser dito». Ainda há lugar para a poesia no cenário literário mundial? E muito concretamente para a poesia em língua portuguesa?
A.C.S.: A poesia fala para cada vez menos pessoas. É visivelmente o gênero literário à margem. Do ponto de vista da difusão,

é a sua tragédia, do ponto de vista da autonomia, é a sua glória. Pode-se lançar diante de qualquer abismo, que não vai ter ressonância alguma. Costumo dizer que a ficção, a narrativa, ela vem a nós, a poesia tem de se ir até ela. A poesia exige o «chega-te a mim». Pouca gente se dispõe a chegar lá porque o «chegar a si» já é dado por outras formas literárias muito mais confortáveis.

Se a poesia perdeu espaço e impacto social, devemos atribuir isso apenas a essa predominância de outras formas literárias ou a mais qualquer coisa?
A.C.S.: Muita gente se esquece que a poesia começou a perder espaço quando ela abriu mão de certas características que a acompanhavam desde a sua constituição. A poesia contava histórias, a começar, no Ocidente, pelas de Homero. No XIX, transferiu a função de contar histórias à narrativa. A poesia teve de se reinventar. Aí iniciou-se em simultâneo a hiperespecialização da linguagem poética e a restrição do público proporcional a essa hiperespecialização da linguagem.

A poesia portuguesa e brasileira parecem estar de costas voltadas. Concorda?
A.C.S.: Concordo. São duas amigas que se desconhecem.

De que maneira se pode inverter esta situação?
A.C.S.: Tendo-se em conta a pouca difusão da poesia no próprio país, imagine-se a dificuldade de a divulgar num outro. Os editores não publicam poesia porque afirmam não ter vocação suicida. O Brasil tem um programa de apoio a traduções para várias línguas do mundo porque sabe que espontaneamente é difícil alavancar esse mercado. No caso da poesia mais ainda.

Por exemplo, creio não haver nenhuma antologia poética no Brasil de Manuel António Pina,[1] ganhador, com meu voto, do Prémio Camões. Eugénio de Andrade teve apenas um livro publicado em meu país.

Agora estendendo-nos também à prosa. Apesar de falarmos a mesma língua, há autores difíceis, principalmente aqueles que utilizam uma linguagem muito regionalista. É difícil para um português ler, por exemplo, Guimarães Rosa, e imagino que será difícil para um brasileiro ler Aquilino Ribeiro ou Vitorino Nemésio.
A.C.S.: É bem verdade.

Como é que isto se supera? O que podem e devem os editores fazer para superar este, diria, "obstáculo"?
A.C.S.: Devo dizer que Guimarães Rosa é difícil até para os brasileiros! (risos) Tal como no livro dele (*Grande Sertão: Veredas*) se fala de um pacto com o demônio, Guimarães Rosa demoniacamente pergunta ao seu leitor: "Quer fazer um pacto comigo?" e poucos o fazem! Já ouvi que a maioria dos leitores de Guimarães Rosa desiste antes da página 80. Agora, ele é incontornável, é um gênio da língua. Mas é preciso ler e compreender. Porque ler sem compreender é uma tortura! Portanto, a solução passa pelo uso do dicionário. É isso que digo aos meus alunos. E Guimarães Rosa quase não recorre a neologismos, usa muitos arcaísmos e regionalismos. Não se pode reescrever as obras, portanto a solução do editor passa por utilizar

---

1 Manuel António Pina. *O coração pronto para o roubo: poemas escolhidos.* São Paulo: Editora 34, 2018. [N.E.]

notas de rodapé. E nas traduções estas dificuldades são multiplicadas ainda mais.

Quem são os autores portugueses lidos e aprendidos nas universidades brasileiras, hoje em dia?
A.C.S.: Um ponto a destacar-se é que no Brasil, nos cursos de letras, a literatura portuguesa é muito estudada. Consta que o maior setor de literatura portuguesa do mundo é o da Faculdade de Letras da Universidade Federal do Rio de Janeiro. Devo também comentar com uma certa tristeza, porque sou um leitor também da tradição, que se ensina quase exclusivamente literatura contemporânea. Os alunos querem fazer teses sobre autores contemporâneos, estudá-los na graduação e na pós-graduação. Já me aposentei há cinco anos, mas não me lembro de há quantos anos não existe um curso sobre [Padre António] Vieira. Nada. Até Fernando Pessoa já é considerado antigo.

Para si quem são os grandes especialistas portugueses em literatura brasileira?
A.C.S.: Citaria as professoras Alva Teixeiro, Vania Chaves, Maria Aparecida da Silva e o professor Abel Barros Baptista. Um outro grande incentivador do diálogo entre as duas literaturas é Arnaldo Saraiva.

E o contrário, quem são os grandes especialistas brasileiros em literatura portuguesa?
A.C.S.: Temos a figura icônica de Cleonice Berardinelli, viva nos seus 102 anos. Perdemos recentemente o professor Massaud Moises. E, de uma geração mais nova, o Paulo Franchetti,

Fernando Paixão, Jorge Fernandes da Silveira, Gilda Santos, Teresa Cerdeira...

O Antonio Carlos Secchin, além de poeta, é um profundo conhecedor da literatura brasileira. E é um crítico profícuo. Se o poeta "é uma ilha cercada de poesia alheia por todo o lado", como definiria, metaforicamente, o crítico?
A.C.S.: O crítico é também uma ilha igualmente cercada por todos os discursos que o banham. A diferença é que o poeta pode criar o seu castelo, virando as costas para o oceano, olhando para si, ou para onde quiser. Quando o crítico fala, tem de referenciar-se necessariamente a uma palavra anterior. O poeta está absolutamente livre diante da página em branco. O crítico pode ir para qualquer lugar, mas já está à partida com o espaço predeterminado. Esse espaço predeterminado é a palavra do outro. Pode ser brilhante a analisar o texto, mas está cingido ao perímetro do outro.

Qual a função do crítico: compreender ou julgar uma obra?
A.C.S.: Essa é também uma pergunta muito interessante. Posso responder pela minha prática, que se alinha mais à compreensão. Quero saber: "Como é que isso funciona?" Só acredito na crítica na qual o leitor entre por um poema e saia por outro, atravessado pelo discurso do crítico, já com uma dimensão mais ampla e mais rica do que aquela de onde ele partiu. Por outro lado, também acho que a vida é muito curta para perdermos tempo com obras que achamos ruins...

Existe algum tipo de despique entre a crítica acadêmica e a crítica jornalística? O Secchin fez as duas...

A.C.S.: Muitos acham que sim, eu me esforço o tempo inteiro para dizer que não. Uma das marcas do meu ensaísmo, uns acharão bem, outros acharão mal, é que praticamente não cito nada senão o próprio texto que examino. O que faço é um diálogo contínuo com aquele outro objeto verbal ao qual estou ligado. E se estamos a desvelar camadas, a dialogar com um texto, deve-se fazê-lo com um grau de originalidade – senão estamos só a redizer, e o crítico não deve fazer paráfrases – e também com um grau de compreensibilidade para o leitor. Não é preciso estar a injetar teorias ao leitor, isso só vai amedrontá--lo. E esse leitor tanto pode ser de jornal como um aluno universitário. Até com alguma frequência eu reúno em livro textos meus de imprensa.

Todo o texto é passível de análise? As letras das canções são objetos de análise literária?
A.C.S.: Só as letras que gostam de nós! (risos) Tem de haver uma relação de sintonia recíproca. Às vezes temos um texto à frente e não conseguimos perceber nada. O texto não gostou de nós. E há textos que nos abrem uma grande convocação. Faço sempre a ressalva de que letra é uma coisa, poema é outra e que a minha leitura das letras será forçosamente parcial porque não considero a parte melódica. Mas ainda assim se trata de um texto passível de análise.

Nesta linha de pensamento, e se Bob Dylan foi Nobel de literatura, acha que Vinicius também o merecia? Vinicius começa precisamente por publicar poesia.
A.C.S.: O que vou dizer creio que é compartilhado por várias pessoas. Vinicius é um grande poeta, um pouco prejudicado

por ter se concentrado, a partir de determinada época, na atividade de letrista. Ele escreve nas letras coisas que não escreveria nos poemas. E aí levam vantagem um Caetano [Veloso] ou um Chico Buarque, que trabalham apenas, em alto nível, com a poesia das letras.

Numa entrevista de 1972, Oswaldo Amorim perguntava a João Cabral de Melo Neto se tinha sido ele a adaptar-se à Academia Brasileira de Letras ou se tinha sido a Academia Brasileira de Letras a adaptar-se a ele? Ao que João Cabral respondeu: «A Academia está acima do bem e do mal. Ela não vai melhorar minha literatura, mas também não vai piorá-la.» Enquanto ocupante da cadeira n.º 19 da Academia Brasileira de Letras, pergunto-lhe: como está a Academia Brasileira de Letras hoje em dia?
A.C.S.: Acima do bem e do mal. Não vou "desdizer" o poeta.

Tomou posse no dia 10 de maio na Academia das Ciências de Lisboa. Que lugar ocupa? E o que é que isto representa para si?
A.C.S.: Entrei na categoria de "correspondente brasileiro", então não entro em vaga que tenha sido ocupada especificamente por alguém. No meu discurso de posse, contei a história das minhas relações com Portugal, quer no plano das relações familiares e sentimentais quer no plano profissional. Comecei citando os meus laços de sangue, por meio de meu avô português José Fuzeira, e citei também, na adolescência, a importância da descoberta de Fernando Pessoa. Acabei por referir que na tradição italiana o sobrenome da mãe desaparece no filho homem e por isso eu não porto o sobrenome Fuzeira. Chamei a esse discurso de posse "O nome sob o nome" e terminei

dizendo que a partir dali eu assumia um heterônimo "verdadeiro": passava então a chamar-me António Fuzeira Secchin.

Apesar de oficialmente já empregue, em Portugal, o Acordo Ortográfico de 1990 é ainda tema de discussão e polêmica. E no Brasil?
A.C.S.: No Brasil foi aceito pacificamente e não causou confusão.

O seu único livro de ficção é de 1975: Movimento. Para quando um próximo nesta área?
A.C.S.: Felizmente minha mãe nunca me pediu outro livro de ficção! (risos) Em época de balanço de vida, afinal já estou com 65 anos, propus a um editor, e ele concordou, reeditar essa novela Movimento e alguns contos, que andei a publicar muito esparsamente. Além disso, devo reunir em livro os meus raros ensaios sobre ficção.

É também ensaísta e destaca-se no estudo de autores brasileiros. Ensaisticamente falando, quem são os autores que, neste momento, mais pulsam o interesse e a curiosidade de Antonio Carlos Secchin?
A.C.S.: A curiosidade é ampla, a leitura é permanente, mas estou tentando me vincular mais ao campo da criação, principalmente depois de estar aposentado.

Se a sua vida desse um filme, que realizador escolheria para o realizar (entre os vivos e os mortos)?

A.C.S.: O primeiro nome que me ocorre é o de Charles Chaplin.

E se fosse uma canção de bossa nova, qual seria?

A.C.S.: (longa pausa) Há uma canção muito sofisticada chamada "Manhã de Carnaval" (e eu não sou carnavalesco) do filme *Orfeu Negro* e cuja melodia acho a mais bela de nosso cancioneiro. Pela letra, a que me ocorre é da autoria de Caetano Veloso e chama-se "O quereres", toda elaborada a partir de falsas antíteses.

A Imprensa Nacional tem uma coleção de bolso chamada "O Essencial sobre". Gostava de acabar esta conversa, propondo-lhe um desafio. Diga-me numa palavra o essencial sobre:

João Cabral de Melo Neto – Perfeição
Cecília Meireles – Leveza
Carlos Drummond de Andrade – Densidade
Álvares de Azevedo – Sonho
Fagundes Varela – Angústia
Machado de Assis – Maestria
Guimarães Rosa – Genialidade
Ferreira Gullar – Luta
Graciliano Ramos – Concisão
Jorge Amado – Bahia
Mário de Andrade – Liderança
Paulo Leminski – Esperteza
Clarice Lispector – Abismo
Lêdo Ivo – Sagacidade
Eucanaã Ferraz – Brilho
Manuel Bandeira – Infância
Olga Savary – Sutileza

Castro Alves – Coragem
Adélia Prado – Deus
José de Alencar – Patriarca
Nelson Rodrigues – Culpa
Hilda Hilst – Labirintos
Alice Sant'Anna – Frescor
Oswald de Andrade – Blague
José de Anchieta – Pecado
Antonio Carlos Secchin – Em processo

Autobiografia desautorizada

Esta é uma autobiografia desautorizada: "eu" não consegue lembrar-se totalmente de "mim". O "mim" é esquivo, oblíquo como um pronome, objeto sempre indireto ao desejo de um sujeito nele por inteiro refletir-se. O "eu" de agora poderia ser tentado a recompor fraturas, cobrir lacunas, atenuar contradições ao falar de um "mim" antigo.

Entre o vivido e o recordado se interpõe um mar brumoso de silêncio e desmemória. Narrar-se é lançar sinais e sentidos a esse mar, na tentativa inútil de resgatar incólume o náufrago de nós mesmos, todavia perdido, para sempre, numa ilha inacessível à prospecção da verdade. No entanto, insistimos em fazer autorretratos e autorrelatos, insistimos em crer nessa (im)possibilidade de que o passado retorne em seu fulgor, assim como as crianças creem que é o boneco, e não o velho ventríloquo, quem está a lhes entreter.

Esse eu ventríloquo e excessivo, que encharca o passado, e tudo o mais que lhe seja circunstante, necessita amparar-se em diversos outros bonecos, inclusive no outro que ele supõe ter sido, para, no ponto derradeiro do discurso biográfico, afirmar, jubiloso:

eis-me aqui, enfim completo! Não, não estou aqui (porque o discurso, a cada momento, me impulsiona; já me localizo duas linhas à frente daquela em que afirmei situar-me). Tampouco passei por ali, naquele passado: quem lá esteve foi alguém que não mais sou, mas que finjo ainda ser-me para lançar uma ponte contra a incontornável consciência da descontinuidade e da dissipação. Situações, pessoas, bichos, livros, gozos, canções e paisagens se mesclam na matéria precária que argamassa a fictícia ponte.

A memória não é feita daquilo que queremos lembrar, mas daquilo que insiste em não se esquecer de nós. Por esse viés, somos a memória do outro: não existiria "auto", e sim, forçosamente, "alterobiografia". Neste depoimento, apresento, em ordem não cronológica, mas alfabética, certos seres e objetos que me assediam, e de que me abasteço para dar coerência e sustentação ao desejo de inventar-me sob a forma de alguma verdade; objetos e seres, porém, eventualmente temperados por antídotos, para relativizar minha própria crença em tudo isso.

******

Avô. Meu avô materno José Fuzeira era português, de Redondo. Apreciador incondicional de Camões e de Guerra Junqueiro. Autor de um livro de poemas, *Trovas de sombra e luz*. Adepto do espiritismo, informou-me que reencarnaria no Rio de Janeiro, em 2016, mas não disse em nome de quem, o que vai dificultar bastante sua localização. Logo após conhecer-me recém-nascido, chorou copiosamente. Preocupado, meu pai indagou-lhe o motivo do pranto. Respondeu que vira todo meu futuro: eu seria escritor! Até hoje não sei se o choro foi pela alegria de antever meu destino, ou de decepção pelos livros que eu viria a escrever.

Biblioteca. Antes de entrar na Universidade, tive uma vida de poucos livros em casa, embora de muita leitura (recorria a bibliotecas públicas). Hoje disponho de acervo especializado, com cerca de 12 mil títulos amealhados em andanças nacionais e estrangeiras. Sei que amar livros e amar literatura são atitudes distintas, mas, no meu caso, o amor às letras conduziu-me à bibliofilia, no afã de conhecer muitos textos que nunca ultrapassaram a primeira edição. De minhas residências anteriores, quase sempre fui expulso pela biblioteca, que clamava por maior espaço e disposição mais racional. Borges diz que sua ideia de paraíso corresponde a uma imensa biblioteca. Muito belo – mas quem irá espanar os livros e catalogá-los?

Bilhete. Gostava de escrever redações e poemas em datas especiais. Dia das Mães, Dia da Pátria, Dia do Professor. Em 1960, último dia de aula, redigi um bilhete de agradecimento à professora, Maria José de Britto. Em 2002, dei palestra sobre uma edição que acabara de organizar, com a poesia completa de Cecília Meireles. No fim, aproximou-se uma senhora. "Tome, guardei isso por 40 anos porque tinha certeza de que iria reencontrá-lo". E me presenteou com o bilhete que, com carinho e cuidado, conservara por quatro décadas. Sete linhas singelas constituem minha única herança autoescrita da infância.

Carlos Drummond de Andrade. A primeira paixão poética: *A rosa do povo*, lido em êxtase aos 13 anos, numa época em que os manuais de literatura só reproduziam textos de poetas do século XIX. O século XX demorou sessenta anos para entrar na escola brasileira. O XXI ainda está na fila de espera.

Ensaio. Por desdobramentos da própria atividade do magistério, acabei produzindo e publicando mais ensaios do que qualquer outro gênero. Todavia, desde o primeiro (*Poesia e desordem*, de 1996), ao mais recente livro (*Papéis de poesia*, 2014), procurei injetar no ensaísmo o prazer do texto propiciado pelo discurso poético. Ou seja: tento produzir uma prosa que não receie valer-se da metáfora, que não seja arrítimica. Em suma: que incorpore, sem descurar do rigor analítico, elementos do arsenal poético. Na minha última coletânea de poemas (*Todos os ventos*, de 2002), ousei incluir uma seção com algumas cintilações pretensamente poéticas, extraídas de meu discurso crítico. Dois exemplos, que ainda hoje endosso: "Como quase diz o ditado, promessas são dúvidas"; "O antinormativo é o imprevisível com hora marcada".

Faculdade de Letras da Universidade Federal do Rio de Janeiro. Aí se passou o melhor de minha vida, dos 17 (quando entrei como estudante) aos 59 anos (quando saí, como professor emérito). Aprofundei-me em Cesário Verde e Fernando Pessoa, graças às lições de Cleonice Berardinelli. Quando fui seu aluno no curso de graduação, em 1971, ela previu que eu faria carreira universitária. Hoje, aos 98 anos, com memória e dicção ainda prodigiosas, é minha confreira na Academia Brasileira de Letras, e uma estrela *pop* em recitais de poesia ao lado de Maria Bethânia e de Adriana Calcanhotto.

Infância. igual a todo mundo, passei poucos e longuíssimos anos na infância. Depois, gastei mais de cinquenta tentando retornar a ela, sem grande sucesso. Muitos se lembram dos primeiros presentes que ganharam, eu me recordo do primeiro fonema que conquistei: aos 2 anos, consegui articular com perfeição o /r/ antes do /l/, em Carlos. Meses após, na véspera de meu terceiro aniversário, antes de adormecer, decretei: "Estou ficando adulto". Queria de todo jeito aprender a ler, mas, para isso, tive, impaciente, de esperar até os 5. Muito cedo me senti atraído pelo campo da palavra, e o oposto dessa paixão se revelava no meu enfado e incompetência a tudo que fosse ligado à matemática.

João Cabral de Melo Neto. Dos grandes autores já falecidos da literatura brasileira, foi o único de quem fui próximo. Certa feita, perguntou-me se achava que sua obra iria perdurar. Observei o contraste entre uma obra tão poderosa e um autor tão frágil e inseguro, a ponto de demandar o aval da posteridade a um simples professor universitário. Durante 35 anos e 20 livros, atravessei a obra de Cabral. Muitos estranham que minha poesia seja tão pouco parecida com a dele. Exatamente por isso: estudando em minúcia suas estratégias de composição, tratei de perceber os caminhos a evitar para não produzir uma cópia anêmica de sua vigorosa criação.

Morte. Uma das vantagens do epitáfio sobre a biografia é seu poder de síntese: 80 ou mais anos compactados em oito segundos. Se pudesse indicar alguns de meus versos para minha lápide, provavelmente escolheria: "Indiferente à vida ou ao inferno/ Não tenho tempo para ser eterno".

Poesia. O que desde sempre nela me atraiu foi a maravilhosa sensação de descomprometimento com o caráter utilitário da palavra. Deixar-me levar por um jogo cujas regras não são, nem podem ser pré-estabelecidas. Um espaço em que "helicóptero" é sinônimo de "girassol". Quem me garante que não, se o que vejo em ambos são pétalas em movimento?

Antonio Carlos Secchin, Rio de Janeiro, 2014.

Procedência dos textos

Textos oriundos da transcrição de palestras, discursos, ou publicados em jornais apresentam-se, em maioria, sem as referências bibliográficas de praxe, mas atentou-se para a fidedignidade das citações que deles constam.

"Linguagem e loucura em 'O alienista'"; "Cantiga de esponsais" e um "'Um homem célebre': estudo comparativo"; "*Noite na taverna*: a transgressão romântica", em: *Poesia e desordem*. Rio de Janeiro: Topbooks, 1996.

"Em torno da traição", em: *Escritos sobre poesia e alguma ficção*. Rio de Janeiro: Eduerj, 2003.

"No centenário de *Esaú e Jacó*"; "Plural de Edla"; "A interminável música", em: *Memórias de um leitor de poesia*. Rio de Janeiro: ABL/Topbooks, 2010.

"Graciliano na escola", em: *Valor Econômico*, edição de 6, 7 e 8 de setembro de 2013.

"Os filhos de Machado de Assis", em: MASSI, Augusto *et alii*. *Reflexão como resistência*. Homenagem a Alfredo Bosi. São Paulo: Edições Sesc/Companhia das Letras, 2018.

"Língua portuguesa: uma travessia". Publicado com o título "A língua portuguesa: uma jornada", em: PILATI, Alexandre e VIANA,

Nelson (Org). *Panorama da contribuição do Brasil para a difusão do português*. Brasília: Funag, 2021.
"Euclides por Dilermando". Publicado com o título "*Os Sertões* de Dilermando", em: Rio de Janeiro: *O Globo*, 20.1.2018.
"Discurso de emerência", em: *Revista Brasileira*. Rio de Janeiro: ABL, n.79, abr./jun. 2014.
"O nome sob o nome". Lisboa: Academia das Ciências de Lisboa, 2018.
"Bibliofilia: entre tesouros e garranchos", em: *Revista Rosa*, n.3, v.2, 28.12.2020, em: <https://revistarosa.com, issn 2764-1333>/ *Revista Brasileira*. Rio de Janeiro: ABL, n.105, out./dez. 2020.
"Autobiografia desautorizada", em: *Jornal de Letras*. Lisboa, 4 a 17 de julho de 2015.

Os demais textos são inéditos.

Obras de Antonio Carlos Secchin

Poesia

A ilha. Edição do autor, 1971. Plaquete fora do comércio.
Ária de estação. Rio de Janeiro: Livraria São José, 1973.
Elementos. Rio de Janeiro/ Brasília. Civilização Brasileira/INL, 1983.
Diga-se de passagem. Rio de Janeiro: Ladrões do Fogo, 1988.
Poema para 2002. Rio de Janeiro: Cacto Arte e Ciência, 2002. Livro-
 -objeto fora do comércio, tiragem de 50 exemplares.
Todos os ventos. Rio de Janeiro: Nova Fronteira, 2002.
Todos los vientos. Mérida: Ediciones Gitanjali, 2004.
Todos os ventos. Vila Nova de Famelicão: Quase Edições, 2005.
50 poemas escolhidos pelo autor. Rio de Janeiro: Edições Galo Branco, 2006.
Cantar amigo. Rio de Janeiro: Topbooks, 2017.
Desdizer e antes. Rio de Janeiro: Topbooks, 2017.
O galo gago. Rio de Janeiro: Rocco, 2018.
Desdizer. Lisboa: Imprensa Nacional-Casa da Moeda, 2018.

Ficção

Movimento. Rio de Janeiro: Faculdade de Letras da UFRJ, 1975.
Ana à esquerda e outros movimentos. Goiânia: Martelo Casa Editorial, 2022.

Ensaio

Poesia e desordem. Rio de Janeiro: Topbooks, 1996.
João Cabral: a poesia do menos. 2.ed. rev. ampliada. Rio de Janeiro: Topbooks, 1999.
Escritos sobre poesia & alguma ficção. Rio de Janeiro: Eduerj, 2003.
Memórias de um leitor de poesia. Rio de Janeiro: ABL/Topbooks, 2010.
Papéis de poesia. Goiânia: Martelo Casa Editorial, 2014.
João Cabral: uma fala só lâmina. São Paulo: Cosac Naify, 2014.
Percursos da poesia brasileira, do século XVIII ao XXI. Belo Horizonte: Autêntica/Editora da Ufmg, 2018.
João Cabral de ponta a ponta. Recife: Cepe – Companhia Editora de Pernambuco, 2020.
Papéis de poesia II. São Paulo: Editora Unesp, 2022.
Papéis de prosa: Machado & Mais. São Paulo: Editora Unesp, 2022.

Organização

Os melhores poemas de João Cabral de Melo Neto. São Paulo: Global, 1985.
Primeiros poemas de João Cabral de Melo Neto. Rio de Janeiro: Faculdade de Letras da UFRJ, 1990.
A problemática social na literatura brasileira. Revista Ibero Romania n.38. Tübingen: Max Niemeyer Verlag, 1993.
Antologia da poesia brasileira. Pequim: Embaixada do Brasil, 1994.
Antologia poética de Castro Alves. Rio de Janeiro: Funarte, 1997.
Poesia completa de Cecília Meireles. Rio de Janeiro: Nova Fronteira, 2001.
Piedra fundamental – poesia y prosa de João Cabral de Melo Neto (com Felipe Fortuna). Caracas: Biblioteca Ayacucho, 2002.
Poesia reunida de Mário Pederneiras. Rio de Janeiro: Academia Brasileira de Letras, 2004.
Os melhores poemas de Fagundes Varela. São Paulo: Global, 2005.
Os melhores contos de Edla Van Steen. São Paulo: Global, 2006.
Guia dos sebos. 5.ed. Rio de Janeiro: Lexikon, 2007.

Roteiro da poesia brasileira – Romantismo. São Paulo: Global, 2007.
As cidades e as musas de Manuel Bandeira. Rio de Janeiro: Desiderata, 2008.
Palavras e pétalas de Cecília Meireles. Rio de Janeiro: Desiderata, 2008.
Poesia completa e prosa de João Cabral de Melo Neto. Rio de Janeiro: Nova Aguilar, 2008.
Poesia completa, teatro e prosa de Ferreira Gullar. Rio de Janeiro: Nova Aguilar, 2008.
Os 25 poemas da triste alegria de Carlos Drummond de Andrade. São Paulo: Cosac Naify, 2012.
O guardador de abismos de Antonio Ventura. Rio de Janeiro: Topbooks, 2014.
Poesia completa de João Cabral de Melo Neto. Rio de Janeiro/Lisboa: Academia Brasileira de Letras/Glaciar, 2015.
Cancioneiro de Ferreira Gullar. Rio de Janeiro: Topbooks, 2015.
Poesia completa de João Cabral de Melo Neto. São Paulo: Alfaguara, 2020.

Sobre o autor

Secchin: uma vida em Letras. Rio de Janeiro: Editora UFRJ, 2013. Org. Maria Lucia Guimarães de Faria e Godofredo de Oliveira Neto.

SOBRE O LIVRO

Formato: 13,7 x 21 cm
Mancha: 23,4 x 38,6 paicas
Tipologia: Venetian 301 12,5/16
Papel: Off-white 80 g/m² (miolo)
Cartão Supremo 250 g/m² (capa)

1ª edição Editora Unesp: 2022

EQUIPE DE REALIZAÇÃO

Coordenação editorial, edição
Cecília Scharlach

Preparação de texto, revisão
Andressa Veronesi

Capa
Andressa Veronesi
Cecília Scharlach

Imagem da capa
Maria Bonomi
Cantata Vegetal, 1967
xilogravura
85x85cm
Acervo da artista

Tratamento de imagem
Jorge Bastos | Motivo

Editoração eletrônica
Sergio Gzeschnik (Diagramação)

Assistência editorial
Alberto Bononi
Gabriel Joppert

Rua Xavier Curado, 388 • Ipiranga - SP • 04210 100
Tel.: (11) 2063 7000 • Fax: (11) 2061 8709
rettec@rettec.com.br • www.rettec.com.br